성공프랜차이즈전략

밀라노프로젝트

타미야 마사히로 지음

구니이 유타카 · 윤태식 옮김

백산출판사

성공프랜차이즈전략
밀라노프로젝트

타미야 마사히로(民谷昌弘)

2006년 6월 10일 초판발행
2008년 2월 15일 2 판발행

역 자 / 구니이 유타카 · 윤태식
발행인 / 진 욱 상

발행처 / 백산출판사
등록 : 1974. 1. 9. 제1-72호
서울시 성북구 정릉3동 653-40
전화 : (02)914-1621, 917-6240
팩스 : (02)912-4438

www.baek-san.com
edit@baek-san.com

값 13,000원

ISBN 89-7739-853-3 90320

成功するフランチャイズ戦略
SEIKOUSURU FRANCHISE SENRYAKU
by MASAHIRO TAMIYA

역자서문

"밀라노프로젝트"는 2000년, 일본에서 처음 출판되었습니다. 자칫 어렵고 난해하게만 느껴지는 프랜차이즈 사업 전반에 대해 소설 형식을 빌려 재미있으면서도 간략하게, 그러나 요점을 짚어가면서 체계적으로 정리된 내용이 담겨져 있어, 책으로 출간된 후 독자들의 많은 사랑을 받고 있습니다.

밤새 시간가는 줄 모르고 읽었던 이 책을 처음에는 저와 함께 사업을 하는 주위 분들에게 알리고 싶었고, 스스로도 프랜차이즈 사업에 대해 체계적으로 공부한다는 의미에서 번역을 시작했습니다.

그런데 번역된 내용을 보는 사람마다 반응이 좋았고,

결국 더 많은 분들에게 알릴 수 있으면 하는 마음으로 출판까지 하게 되었습니다.

성균관대학교 경영대학원 프랜차이즈연구소 소장님이신 윤태식소장님과 함께 번역하면서 보다 한국의 프랜차이즈 비즈니스 실정에 맞게 내용이 보완되었고, 마케팅이나 경영학에 전혀 문외한이라도 누구나 손쉽게 읽을 수 있도록 쉽게 정리하였습니다. 특히 프랜차이즈 시스템을 도입하여 체계적이고 효율적으로 프랜차이즈 사업을 런칭하려는 기업들이나 예비창업자들에게는 일독의 가치가 있으리라고 믿어 의심치 않습니다.

이 책이 제가 좋아하는 대한민국 프랜차이즈 사업 종사자 여러분께 조금이나마 보탬이 될 수 있으면 영광스럽고 정말 행복할 것 같습니다.

마지막으로 이 책이 발간되기까지 도움을 준 우리 식구에게 감사하고, 최윤희사장님을 비롯한 (주)신우디앤씨 가족 여러분께 깊은 감사를 드립니다.

2006년 5월 30일

구니이 유타카

2 극히 일부의 경우이지만, 국내에서는 직영점 없이 가맹사업을 시작하는 경우도 있다. 단지 인테리어 컨셉과 단기간에 개발한 메뉴만을 가지고 투자자를 유치해 가맹사업을 하는 본부들을 그간 많이 보아왔다. 초기의 가맹비에 의존해서 가맹점 수 확대에 혈안이 되어 있는 본부에게는 내실이라는 것을 기대하기 힘들다. 가맹점 전개에 한계에 다다르게 되면 사업을 철수하게 되고, 결국 피해는 투자자인 가맹점사업자에게 고스란히 돌아가게 되는 것이다.

우수한 프랜차이즈 브랜드와 아닌 것의 가장 큰 차이점은 운영 주체인 본부의 수익구조에 있다. 이익이 없는 회사는 존재할 수 없듯이, 부실한 가맹본부는 곧 폐업을 하든지 무리한 제2브랜드를 시도하게 된다. 우리나라 프랜차이즈 브랜드 평균수명이 짧은 이유가 바로 여기에 있다. 이런 문제를 해결하기 위해선 정기적인 수익구조를 만들어야 하는데, 장기간에 걸친 브랜드 인지도 향상과 핵심 물류의 유통망 확보가 핵심이다. 좋은 브랜드 인지도는 소비자에게 신뢰를 얻게 되고, 곧 매출에 영향을 미친다. 이를 통해 본부는 정기적인 로열티 수익을 확보해야 한다. 또한 본부의 노하우가 담겨있는 제품에 대해서는 유통망을 구축해 물류마진을 확보해야 하며, 비핵심 물류는 외주를 통해 시스템을 다져야 하는 것이다. 초기 가맹점의 수가 적을 때는 물류에 대한 수익은 미비하지만, 전개에 따라 수익규모는 기하급수적으로 늘어난다. 또한 포화상태에 이르러서도 그 수익규모는 줄지 않게 되어 탄탄한 수익구조와 함께 사업을 영위할 수 있게 되는 것이다.

이 책을 통해 소개되는 밀라노 익스프레스는 10개의 직영점을 충분히 운영한 후 프랜차이즈 시스템을 도입하는 '정석적인' 사업전개의 실례가 된다. 작다면 작은 규모의 사업을 프랜차이즈라는 시스템을 도입하여 일약 일본의 기업으로 일구어내는 실화를 통해 올바른 프랜차이즈 시스템의 교훈이 되고자 한다.

현재 성공적인 매장을 운영하고 있고, 프랜차이즈의 개념을 도입하고자 하는 사장님들에게 바이블과 같은 지침서가 될 것이다. 또한 현재 프랜차이즈 사업을 운영하고 있는 본부들에게도 기존의 시스템을 재고할 수 있는 기준을 제시할 것이다.

대한민국의 프랜차이즈 시장도 많이 변화해 왔다. 지난 4년간 400여 본부를 교육시킴으로써 시장의 성숙도를 피부로 느끼고 있다. 시장의 급성장에 따라 선진 교육 시스템들이 개발되어지고, 성공 사례들이 속속 생겨나고 있다. 이 책 '밀라노 프로젝트'를 번역, 출간함으로써 이러한 긍정적인 변화에 일조를 하고자 한다.

2006년 5월 30일

윤 태 식

머리말

프랜차이즈시대입니다.

지금 일본에서는 프랜차이즈 비즈니스와 전혀 관련이 없는 생활을 한다는 것은 상상할 수 없는 일입니다.

일반적으로 프랜차이즈 하면 편의점이나 패스트푸드, , 외식업 등이 유명합니다. 그러나 학원이나 미용실 같은 서비스업종, 부동산, 인테리어, 재건축 등의 건설업에 이르기까지 지금은 모둔 분야에 있어 이 프랜차이즈 비즈니스 형태가 확대되고 있습니다.

최근의 (사)일본프랜차이즈체인협회 통계에 의하면 프랜차이즈 비즈니스의 총매출은 20조엔에 달하고 있습니다. 이것은 10년 전과 비교하여 2배 이상의 규모입니다. 또한 프랜차이즈 본부의 종류는 1,000개를 넘었고, 점포수는 20만을 넘은지가 오래입니다.

거대한 시장규모를 자랑하며 급속하게 확대되어 가고 있는 프랜차이즈는 많은 기업이나 예비창업자들에게 거대한 비즈니스기회를 제공해 왔습니다.

그런데 시장규모나 인지도와는 반대로 프랜차이즈 비즈니스는 건전한 발전이라는 점에서는 아직까지 많은 문제점을 안고 있습니다.

이것은 프랜차이즈에 관련 종사자들이 시스템에 대해 충분히 이해하지 못하고 있고, 새롭게 관여하려는 사람들도 바른 지식과 정보를 얻을 기회가 적다는 점에 기인하고 있습니다.

또한 프랜차이즈시스템은 특수하고 한정된 분야에만 적용된다고 오해하기 쉬운데, 결코 그렇지 않습니다.

프랜차이즈는 단순히 계약서를 작성하여 가맹점을 모집하기만 하는 게 아니라 회사를 변화시키고 사람을 변화시킵니다. 모든 기업에 있어 그 체질을 혁신하여 사업확대를 가속시키는 최적의 시스템이라는 것입니다.

또한 개인으로 새로운 사업을 시작할 때도 프랜차이즈 시스템은 큰 힘을 발휘합니다. 즉 프랜차이즈란 기업과 창업자를 목표를 하는 사람들에게 멋진 꿈과 성공의 가능성을 부여하는 경영시스템이라는 것입니다.

본서에서는 이와 같은 훌륭한 프랜차이즈시스템의 본질을 누구나 쉽게 이해할 수 있게 소설 형식으로 썼습니다. 무대는 '밀라노 익스프레스'라는 가상 이탈리아 레스토랑. 이 가게가 시스템을 도입해가는 상황을 묘사하는 형태로 이야기가 전개됩니다.

프랜차이즈화를 위한 여러 가지 준비는 업종이 달라도 그다지 상관이 없습니다. 단 레스토랑이라는 흔한 업종이 무대가 되면 독자 여러분이 부담없이 읽어나갈 수 있을 것입니다. 그리고 어느덧 프랜차이즈전략의 본질과 그 성공의 비결을 잡을 수 있을 겁니다.

또한 각 장의 마지막마다 '프랜차이즈 성공 Step'을 제시하여 프랜차이즈 전략을 성공시키기 위한 중요한 포인트를 정리하였습니다. 스토리 전개와 상관없이도 프랜차이즈전략의 본질을 이해할 수 있습니다.

본서가 프랜차이즈 비즈니스 종사자뿐만 아니라 기업 혁신이나 사업 확대에 관심이 있는 기업경영자나 비즈니스맨, 그리고 사업을 새로 시작하려는 창업자들에게 도움이 되길 바랍니다.

2000년 2월

(주)아쿠아넷 대표이사 타미야 마사히로

차례

성공프랜차이즈전략

밀라노프로젝트

프롤로그
밀라노에서

"좀 더 활기차고 밝은 분위기의 거리였던 기억이 나는데…"

밀라노 중앙역 개찰구를 나와 계단을 내려오니 줄서 있는 택시들이 왠지 무뚝뚝해 보이기만 했다. 택시 하나를 골라 타고 몬테 나폴레옹(Monte Napoleone) 근처의 호텔로 출발했다. 오래된 택시 창문 밖으로 보이는 밀라노 풍경을 보면서 미야타 유이치는 예전에 왔을 때와는 또 다른 쓸쓸함을 느끼고 있었다.

2월의 저녁 6시는 겨울 분위기가 아직 강하게 남아 있는 듯 했다. 도쿄보다 북쪽에 위치한 밀라노가 유럽 특유의 쓸쓸함을 느끼게 하는 것은 어쩌면 당연한 것일지도 모른다.

미야타는 상사에 근무하던 시절 알게 된 선배가 파리에서 사업을 시작했으니 꼭 와 달라는 요청을 받아 오랜만에 유럽을 방문하고 있었다.

하지만 미야타가 경영하는 레스토랑 체인인 "밀라노 익스프레스"의 나아가야 할 방향을 고민하고, 이탈리아요리의 새로운 조류를 탐색하기 위해 찾아 온 것이 가장 큰 이유였다.

예전의 밀라노는 미야타에게 좀 더 화려하고 생생한 느낌을 안겨 준 곳이었다.

5년 전 미야타는 오랫동안 근무하던 상사를 그만두고 약 3개월에 걸쳐 이탈리아 각지를 여행했었다. 도쿄 긴자에서 이탈리아요리 카페테리아 스타일의 패스트푸드 레스토랑을 개업하려고 조사차 방문했던 것이다.

미야타는 새로운 비즈니스에 대한 희망으로 가득 차 가슴이 두근거렸던 그 때의 기억을 되살리고 있었다. 무턱대고 거리를 돌아다니며 많은 점포를 방문해 시식을 하고 가게 사람들에게 질문을 쏟아 부었던 게 일과였다.

그러나 이번에는 그 때 있었던 열정을 느끼지 못하고

있었다. 그리고 그러한 감정 차이가 밀라노 풍경을 더 쓸쓸하게만 느끼게 하는 것 같았다.

5년 전 개업한 밀라노 익스프레스는 순조롭게 성장하여 현재 도쿄도내에만 10개 점포가 개설되었다.

밀라노 익스프레스는 피자, 이탈리안 샌드위치, 파스타, 델리카테센(delicatessen), 샐러드, 디저트 및 각종 젤라또와 음료를 주된 메뉴로 한 카페테리아 스타일의 패스트푸드형 레스토랑을 표방하여, 테이크아웃, 이트인(eat in, 홀내 식사)이 모두 가능하고 아침부터 밤까지 서비스를 제공하였다. 일본에서는 찾아볼 수 없는 새로운 형태를 갖춘 레스토랑이었다.

밀라노 익스프레스는 연 매출 20억엔에 종업원도 정규직만 40명, 아르바이트까지 포함하면 100명 훨씬 넘는 제법 큰 규모를 갖고 있었다.

하지만 주위 사람들은 이런 미야타를 성공한 사업가라고 추켜세웠지만, 미야타 스스로는 만족하지 못하는 무언가가 있었다.

파리에서 출발한 유로시티는 쾌적했다. 신칸센보다도 여유 있는 좌석배치가 장시간 여행에도 여유로움을 제공해 주었다. 그러나 이런 쾌적한 분위기 속에서도 미야타의 마음은 마냥 편치만은 않았다.

파리에서 만난 선배의 정열에 비해 지금은 창업 당시의 열의를 잃어버리진 않았는가, 또 새롭게 도전하는 기개가 없어져 버린 게 아닌가 하는 의문이 들기 시작했다.

"성공한 사업가라…… 정말로 나는 지금 이 상태로 만족할 수 있는 것일까? 고작 점포 10개, 그것도 도쿄에서만 전개하면서 얼마나 많은 사람들한테 만족감을 주고 있는 것이지?

지금 페이스로 나가 봤자 1년에 겨우 2~3개 점포 밖에 낼 수 없을 것이고, 그것만으로 얼마나 많은 사람들이 밀라노 익스프레스를 이용할 수 있을 것인가? 모처럼 시작한 훌륭한 가게인데 가능한 한 많은 사람들이 이용하고 기뻐해 주지 않으면 의미가 없지 않을까!"

점포 하나 하나의 성공밖에 생각하지 않았던 시절에는 상상하지도 못했지만 5년이 지나 점포 수가 열개가 넘어가니 미야타는 오히려 현 상태에 만족하지 못하게 된 것이다.

이런 마음으로 다시 찾은 밀라노가 희망으로 가득 찼던 예전에 비해 쓸쓸하게 느껴지기만 하는 것은 어쩔 수 없는 일일지도 모른다.

다음날 날씨는 아주 맑고 좋았다.

날씨 때문인지 어제 밤 마음에 도사리던 쓸쓸함은 조금 가신 듯 했다.

"밀라노 익스프레스"가 창업 당시 참고로 하였던 밀라노의 바(Bar)는 변함없이 밀라노 거리 여기저기에 건재해 있었다. 이탈리아인들에게는 없어서는 안 될 존재로서, 여전히 많은 사람들의 휴식처로서 편안함을 제공하고 있었다.

5년 전 밀라노에 체재했을 당시 매일 찾아갔고, 지금의 밀라노 익스프레스의 창업에 큰 영향을 준 바를 다시 한 번 방문해보기로 하였다.

주인 마리오 할아버지는 아직도 건강해 보였다. 당시 큰 소리로 "그루체(grutche)!"라고 하면서 일본에서의 2배나 되는 샌드위치를 갖다 주곤 하셨는데, 다시 볼 수 있게 되어 기분이 좋았다.

"마리오 할아버지, 오래간만입니다. 혹시 저를 기억하시겠어요?"

"미야타씨! 예, 물론이지요, 정말 오랜만이네요. 어떻게, 사업은 잘 되고 있습니까?"

"예, 그럭저럭. 점포가 열개 정도 됐어요. 할아버지가 그 때 많이 가르쳐 준 덕분이지요. 그런데 요즘 어떠세요?"

"그거 잘 됐네요…. 우린 뭐 여전해요. 하지만 여기도 맥도날드 같은 게 들어오고 국내 체인점도 늘어나서 어려운 곳들이 많아요. 우리 집만 해도 아무래도 자식에게 대를 잇게 하기는 어려울 것 같네요."

"약한 소리 하지 마세요…. 하지만 5년 전에 비하면 확실히 변하긴 한 것 같네요."

그 차이가 확연하지는 않지만 일본에 비해 변화가 적은 이탈리아에도 세계적인 유통변화의 파도가 밀려오는 것을 확실히 느낄 수 있을 것 같았다.

미야타는 이탈리아 문화 그 자체라고도 할 수 있는 바가 사라져 가고 있다는 사실이 아쉬우면서도 세계적인 흐름을 거스를 수 없다는 것을 실감할 수 있었다.

"바는 그럭저럭 잘 되는 편이지만 맥도날드도 정말 많아졌어요. 예전에는 이러지는 않았는데…"

여전히 바가 영업하는 것을 볼 수는 있었지만 미야타는 거리를 돌아다니면서 검정색 바탕에 노란 M자의 마크를 여기저기서 발견할 수 있다는 사실에 놀라움을 감출 수 없었다.

"세계 곳곳에서 볼 수 있는 맥도날드의 힘은 정말 대단하다… 이 파워는 어디서 솟아나는 걸까? 상품이나 서비스, 점포의 이미지가 뛰어난 것도 사실이지만 그것만 가지고 세계적인 명성을 얻는다는 것은 어려운 일일텐데…. 세계 어느 나라에 가서도 성공할 수 있는 뭔가 비결 같은 것이 있겠지? 분명히…!"

미야타는 밀라노 익스프레스의 상품이나 서비스에는 절대적인 자신감을 가지고 있었다. 그러나 5년 동안 10개 점포로 성장시키는 데 있어서 많은 인재와 자금이 필요했고, 더 빠른 속도로 점포수를 증가시키려면 기존의 방법으로는 도저히 할 수 없다는 것을 어렴풋이 느끼게 되었다.

바는 가게마다 개성이 있고 매력적인 곳이 많다. 그리고 오너의 개성이나 매력 때문에 많은 사람들이 찾아오고 있었다.

"바가 갖고 있는 개성과 맥도날드가 갖고 있는 합리적인 시스템을 융합시키면 더 많은 사람들이 우리를 받아들이고 아주 멋진 사업을 전개할 수 있지 않을까?

특징을 살리면서도 단기간에 급속하게 확대시킬 수 있는 시스템을 만들 수 있을텐데…."

미야타는 세계 각지에 진출한 맥도날드의 경영시스템이 프랜차이즈 시스템을 바탕으로 한 현지 기업의 운영이 기본이 된다는 사실을 인지하고 있었다.

예전에 경영자 세미나에서 프랜차이즈 시스템에 대해 공부한 적이 있었는데, 그 때 급속한 사업 확대를 위한 최적의 경영시스템이 있다는 것을 알았다.

이곳 역사와 전통의 밀라노에까지 진출해 있는 맥도날드도 프랜차이즈 시스템을 채용하여 현재의 방대한 점포망을 실현한 것이다.

"프랜차이즈 시스템이라…… 우리 밀라노 익스프레스는 프로 요리사가 없다고 안 되는 것도 아니고 20대의 젊은 신입사원이 단기간에 습득하여 책임자가 될 수 있는 시스템도 갖추고 있는데. 그렇다면 프랜차이즈 시스템으로 사업을 전개할 수도 있지 않을까? 아니… 어떻게 보면 프랜차이즈화 하는 데 있어 밀라노 익스프레스야 말로 최적의 조건을 갖추었다고 할 수 있지 않을까? 만약 프랜차이즈화 할 수만 있다면 단기간에 많은 점포를 열 수 있고 많은 손님들이 우리 점포를 방문할 수 있게 된다. 그래! 바로 이거다! 일본에 돌아가면 회사 간부들과 같이 검토해봐야겠어. 밀라노 익스프레스가 새로운 단계로 도약하는 계기가 될 수 있겠어."

구름 한 점 없는 쾌청한 하늘이었지만 겨울 밀라노는 역시 해가 짧았다. 그렇게 넓지 않은 거리를 혼자서 돌아다녔더니 쌀쌀한 바람이 미야타의 몸을 직격했다. 저녁 여섯시라고 하지만 아직 식사시간까지는 두 시간이나 남아 있었다. 거리에는 사람도 그리 많지 않았다.

하지만 어제 저녁 역에서 호텔로 향하는 택시 속에서 느꼈던 어둡고 쓸쓸한 느낌은 다 잊고 5년 전과 같은 생생하고 활기찬 밀라노를 느낄 수 있었다. 미야타는 번화가에서 조금 벗어나 바와 맥도날드가 늘어서있는 사거리에 나왔다. 그는 밀라노 익스프레스의 미래가 갑자기 밝아진 느낌이 들어 한껏 고무되었다.

chapter 1

프랜차이즈화를 향한 준비 :우리 회사의 경영이념을 재고한다

▶ 사업의 새로운 도약을 향해

"내일 간부회의를 열려고 하니 모두 불러 주세요."

미야타 사장은 비서 겸 정보시스템과장인 다치바나에게 지시를 내렸다.

긴자에 위치한 밀라노 익스프레스 본사 사장실. 창 밖으로 끊임없이 차가 오가는 고속도로와 근대 건축의 위용을 자랑하는 도쿄국제포럼이 한눈에 들어온다. 고속도로 보도를 따라 늘어서있는 벚나무는 이미 잎이 떨어져 가지만 남은 앙상한 모습이다.

"회의 주제는 무엇입니까? 몇 시로 하시겠습니까?"

항상 조급하고 자세한 설명이 없는 미야타의 지시를 반드시 확인하고 행동하는 꼼꼼한 성격의 비서 다치바나이다. 다치바나의 이런 성격과 업무습관은 스케줄이 불규칙하고 여기저기 분주하게 돌아다니는 미야타 사장에게는 고마운 일이었다.

"다음 분기 경영계획을 작성하기 위한 사전 미팅을 할 겁니다. 시간은 오후 4시부터 6까지…. 끝난 후엔 출장보고도 할 겸 간단하게 같이 식사나 하지요."

다음날 회의실에 모인 사람들은 사장 미야타 유이치를 비롯하여 다카야마 슈고 전무, 히가시다 스스무 영업부장, 가와모토 료지 기획부장, 와타나베 요시오 인사교육부장, 다치바나 나오코 비서 겸 정보시스템과장 등 모두 6명이었다. 현재 밀라노 익스프레스 경영의 핵심 간부들이다.

오후 3시50분, 이미 모두가 자리에 앉아 있었다. 평소대로 미야타가 칠판을 등지고 중앙에 앉아 있었고, 양쪽으로 다른 간부들이 마주보고 차례대로 앉았다.

미야타가 모두의 얼굴을 훑어보더니 먼저 말하기 시작했다.

"바쁜 와중에 모여 주셔서 감사합니다. 회의 주제에 대해 전달 받으셨겠지만 오늘은 다음 분기 경영계획에 대한 사전준비를 위해 모였습니다.

우리 회사는 창업 이래 5년 동안 10개의 매장을 오픈하였습니다. 아시다시피 이번 분기도 지속적인 성장으로 매출액 20억엔 초과라는 위업을 눈앞에 두고 있습니다."

매출증가라는 한껏 고무될 만한 이야길 하면서도 미야타 사장의 어조는 침착하기만 했다.

"하지만 급변하는 환경과 갈수록 치열해지는 경쟁 때문에 지금의 성장세가 언제나 보장되어 있는 것은 아닙니다. 5년, 10개의 점포, 20억엔 매출이라는 고지에 서 있지만, 현실을 직시하고 각성하는 의미에서 다시 한번 우리를 되돌아보고 다음 분기 경영방침을 검토할까 합니다."

짧고 치가운 직막, 미야타 사장의 이야기가 이어졌다.

"밀라노 익스프레스를 지금보다 더 많이 늘리고 싶습니다. 지금까지처럼 천천히 조금씩 늘린다는 게 아닙니다. 물론 간단한 일이라고 생각하지 않습니다.

어쨌든 지금보다는 더 많은 사람들이 우리 밀라노 익스프레스를 이용하고 만족해하는 모습을 보고 싶습니다. 그리고 일본 전국에 진출하여 음식업계에서는 최고의 체인사업으로 만들고 싶습니다."

잠시 후 다카야마 전무가 관서지방 사투리가 섞인 독특한 말투로 미야타 사장에게 말했다.

"사장님, 갑자기 점포 수를 늘린다는 건 그렇게 말처럼 쉬운 일은 아닌 것 같습니다. 5년이란 기간에 걸쳐 피땀 흘린 노력의 결과로 점포 수가 열개가 되었습니다. 그 동안 자금난 · 인력난으로 얼마나 고생했는지 잘 아시지 않습니까?"

다카야마 전무는 미야타 사장과는 학생 시절의 절친한 친구사이였고 창업 초기부터 회사경영을 위해 힘을 썼고 자금 조달과 운용에 있어서는 미야타보다도 많은 고생을 해왔다.

이제 겨우 금융기관으로부터 신용도 얻었고 안정적인 자금운용도 할 수 있게 되었는데, 도대체 사장의 의도를 파악할 수 없었다.

"다카야마 전무님, 걱정하는 건 알지만, 일본 최고의 체인사업을 한다는 창업 당시 우리의 꿈을 잊으면 안됩니다."

"물론 그런 이야기를 매일 하긴 했지만… 그건 현실적으로 꿈에 불과하지 않나요?"

"꿈이란 실현시키기 위해 있는 것이지요!"

미야타 사장은 시선을 멀리 두고 밀라노의 정경을 그리면서 계속 말했다.

"전무님이 말했듯이 지금까지 우리가 해왔던 대로 하면 10년이 지나도 일본 최고가 될 수 없을 겁니다."

마케팅 전략에 대해 미야타와 머리를 맞대고 논쟁을 벌여왔던 가와모토 기획부장은 생각했다. 사장이 아무 근거도 없이 이런 말을 꺼내지는 않을 것이라고…

가와모토 기획부장이 끼어들어 한 마디 했다.

"사장님, 무슨 특별한 생각이라도 있으십니까?"

"… 아직 생각만 하고 있는 단계지만… 프랜차이즈를 해 볼까 하고…"

▶ 프랜차이즈라는 선택

"프랜차이즈요? 프랜차이즈라면 롯데리아나 맥도날드 같이 햄버거를 팔거나 편의점과 같이 점포를 전개하는 그 시스템 말입니까?"

밀라노 익스프레스의 최전선에서 일을 맡고 있는 영업부장 히가시다가 말했다.

이미 일본에서는 모스버거, 롯데리아 등 국산 패스트푸드점과 미국에서 들어온 서브웨이를 비롯한 샌드위치 가게들이 프랜차이즈 사업을 적극적으로 전개하고 있었다.

소매업으로는 세븐일레븐 같은 편의점들이 프랜차이즈 시스템으로 급속히 점포망을 확대하고 있었다.

"우리가 프랜차이즈 같은 걸 할 수 있는 겁니까?"

다른 체인점과 달리 밀라노 익스프레스는 개성있고 독특한 제품과 서비스를 만들어낸다는 자부심이 있었다. 그래서 프랜차이즈로 쉽게 점포를 확산시킨다는 것은 아무래도 힘들다는 생각에 히가시다가 말했다.

"할 수 있을지 없을지는 지금부터 생각할 일이지요.

우선 전국적으로 밀라노 익스프레스의 점포망을 확대

하는 데는 프랜차이즈 시스템이 최적의 방법이라는 생각이 들어요. 와타나베 부장은 어떻게 생각합니까?"

미야타 사장은 와타나베의 생각을 듣고 싶었다.

와타나베 인사교육부장은 밀라노 익스프레스에 입사하기 전 일류 유명 레스토랑에서 일급 트레이너로 일한 경력이 있다.

"전국적으로 우리 밀라노 익스프레스를 확장해 나가겠다는 생각에는 찬성합니다. 하지만 우리 밀라노 익스프레스가 프랜차이즈 시스템에 적합한지 아닌지는 지금으로서는 판단하기 어렵고, 꼭 프랜차이즈 시스템을 도입해야 하는지에 대해서는 아직 잘 모르겠습니다. "

와타나베는 일류 레스토랑에서 트레이너를 했었던 만큼 신중히 자신의 의사를 표현하면서 미야타 사장의 말에 상당한 관심을 나타냈다.

다치바나 비서 이외에는 참석한 간부들이 모두가 자신의 의견을 말했다. 그리고 미야타가 다시 자신의 이야기를 정리하였다.

"그럼 하나씩 정리하면서 검토해 봅시다. 우선 우리 밀라노 익스프레스를 일본 전국으로 전개하겠다는 점에 대해서는 어떻게 생각합니까? 해외진출에 대해서는 조금 더 전망이 보이면 생각하고 싶습니다만…. "

"그 점에 대해서는 전혀 이의가 없습니다. 회사가 커진다는 것은 그 만큼 개인에게도 성장을 의미하니까요."

간부 중 최연소인 히가시다 영업부장이 제일 먼저 대답했다.

"저도 아까 말씀드린 대로 찬성합니다."

늘 침착한 와타나베 인사교육부장이 뒤이어 말했다.

"일본 전국이라면 지역에 따라 사정이 여러 가지로 달라질 수 있어 뭐라고 말할 수 없지만 일본 전국에서 세계로 눈을 돌리는 목표에 기본적으로 찬성합니다."

가와모토 기획부장은 마케팅 총책임자답게 조금 말을 돌려 표현하면서 미야타 사장의 의견에 찬성했다.

"꿈은 실현시키기 위해 있는 것! 잊고 있었어요. 창업시절을 생각하며 다시 한번 도전해봐야지요. 꼭 실현시킵시다."

아까는 자금 문제로 난색을 보였던 다카야마도 미야타 사장에 동조하기 시작했다.

"다치바나 비서는 어때요?"

아까부터 묵묵히 서있기만 했던 다치바나는 눈 앞에 있는 노트북에서 고개를 올려 말했다.

“저요? 물론 찬성입니다.”

미야타 사장의 경영이념이 감명을 받아 입사한 다치바나로서는 당연한 일이었다.

사장의 창업 당시의 꿈을 구체화할 수 있는 단계에 이르렀다는 것이 다치바나한테는 기쁜 일이었다.

“그럼 밀라노 익스프레스를 일본 전국에 전개한다는 점에서는 모두가 찬성한 걸로 알겠습니다.”

“예!”

다치바나 비서는 컴퓨터에 “밀라노 익스프레스, 일본 전국으로! 참가자 전원 찬성”이라고 치고 모두의 얼굴을 바라봤다. 왠지 간부들 모두의 얼굴에 평소와는 달리 생기가 넘치고 있다는 것을 느꼈다.

‘간부들이 모두가 꿈을 향해 하나가 된 것 같다.’

다치바나는 미야타의 얼굴을 보고 마음 속으로 중얼거렸다.

“자 그럼 다음은… 그 방법으로써 프랜차이즈 시스템을 도입한다는 점에 대해서는 어떻습니까?”

“프랜차이즈 시스템이라는 말은 자주 듣기는 했지만 구체적으로 무슨 뜻인지 정확히 잘 모르겠습니다. 누가 설명 좀 해 주실 수 있을까요?”

영업부장 히가시다가 간부들을 보면서 말했다.

“구체적이고 자세한 내용까지는 설명하기 어렵지만 요점 정도라면 제가 설명할 수 있습니다.”

일류 유명 레스토랑 체인에 근무했던 와타나베가 대답했다.

“부탁드립니다.”

미야타 사장이 재촉했다.

와타나베 부장은 미야타 사장 뒤편의 칠판에 요점만 적어 설명하였다.

【프랜차이즈 시스템이란】

① 프랜차이즈 본부가 직영으로 성공한 사업아이템의 노하우, 상호, 상표 및 운영권을 가맹사업자에게 부여한다.

② 본부는 가맹사업자에게 그 대가로서 가맹금이나 로열티를 징수한다.

③ 본부와 가맹사업자는 독립채산체이지만, 제품, 서비스의 판매에 있어 본부가 제시하는 일정한 기준을 따른다.

④ 본부와 가맹사업자는 계약에 따라 그 권리와 의무가 규정되고, 일정기간 동안 지속적인 계약관계를 유지한다.

【프랜차이즈 본부의 장점, 단점】

▶ 본부의 입장에서,

① 가맹사업자의 자금과 인력으로 개업할 수 있기 때문에 급속도로 많은 점포를 전개할 수 있다.

② 타인 자본의 유입으로 가맹사업자의 통제가 어려워진다.

▶ 가맹사업자의 입장에서,

① 본부가 이미 성공한 아이템의 사용으로 성공확률을 높일 수 있다.

② 가맹금, 로열티의 부담으로 독립창업보다 비용이 많이 든다.

"저도 확실하게 조사한 게 아니라서 자세한 내용까지는 모르지만 간단하게 설명하자면 이와 같은 내용을 가진 경영시스템이라고 말할 있습니다."

"어떻습니까? 여러분 이해되시겠습니까?"

미야타 사장이 간부들에게 물었다.

"예… 대략적으로 알 것도 같은데, 아직 구체적으로 어떤 시스템인지 잘 모르겠습니다."

히가시다가 대답했다. 다른 간부들도 히가시다와 같은 듯 했다.

"하긴… 지금으로썬 확실한 자료도 준비되지 않은 상태니까 프랜차이즈 시스템에 대해서는 차츰 공부하기로 합시다."

미야타는 회의 참석자 대부분이 관련된 지식이나 정보가 없는 상태에서 진행해봤자 어떤 결론을 도출하는 것은 힘들다는 생각에 회의를 마치기로 했다.

"그런데 밀라노 익스프레스를 일본 전국에서 전개하겠다는 목표는 설정했지만 생각해보니 우리 회사에는 지금까지 체계화된 회사의 방향성이나 경영의 지침 같은 것이 없었던 것 같은데 어떻게 생각하십니까? 물론 사원수칙이나 손님을 대하는 기본정신 같은 건 있지만 제대로 체계화되지 않았다는 생각이 듭니다만…."

미야타는 밀라노에서 돌아오는 비행기 안에서 밀라노 익스프레스가 새로운 단계에 도약하기 위해서는 경영에 대한 기본적인 생각을 한번 더 명확하게 정리하고 직원 모두에게 확실히 전달해 두어야 할 필요가 있다고 느끼고 있었다. 그래서 간부들에게 이 같은 주제의 이야기를 꺼낸 것이었다.

"사장님 말씀대로 우리 회사에는 명확한 이념이 존재

한다고 할 수는 없는 것 같습니다. 저도 이 부분은 명확하게 해야 할 필요성을 느낍니다."

기획부장 가와모토가 대답했다.

그는 밀라노 익스프레스의 샵 컨셉이 어떠해야 한다 등을 늘 생각하면서 마케팅 전략을 구축해 왔기 때문에 미야타가 말하는 기업이념이라는 이야기에 관해서는 상당한 관심을 보였다.

"꼭 해보죠. 우리도 이제 어느 정도 규모도 되고 다양한 분야의 사람들도 많이 들어왔으니까요. 전국적인 확장을 노린다면 어떻게 보아도 필요한 일입니다."

"좋습니다. 꼭 한번 해봅시다."

전무 다까야마의 찬성에 히가시다도 뒤따랐다.

"오늘은 시간도 다 됐고 준비도 필요할 테니 다음번에 우리 회사의 이념체계를 재구축한다는 의미로 한번 더 모이는 것이 좋을 것 같습니다.

이제는 단지 막연하게 의논만 하는 것은 안됩니다. 검토해야 할 각 단계가 있을 테니 그것을 기본으로 하여 진행하는 것이 좋겠습니다. 가와모토 부장님이 그래도 가장 전문가에 가까우니 이념체계 검토 단계를 조사하셔서, 참가자가 준비해야할 것이나 미리 생각해 두어야할 것이 있다면 앞서 연락을 주십시오. 날짜는 다음주 월요일 정례회의 후로 하죠."

다치바나가 다음 예정을 컴퓨터에 입력하자 미야타가 말했다.

"와타나베 부장. 오늘 이야기했던 프랜차이즈 시스템에 대해서 전반적으로 공부해야 할 것 같은데, 도입단계를 포함해 같이 조사해 주셔야 할 것 같습니다. 한달 후 정례회의 후 정도에 검토하면 좋을 듯 합니다."

"네 알겠습니다."

다치바나가 회의록 작성을 마침과 동시에 시계바늘은 정확히 6시를 가리켰다.

"수고하셨습니다. 자, 미리 말씀드린 대로 이번 유럽 출장건 보고도 할 겸 함께 치세이로 가서 식사나 하시지요."

미야타는 치세이(千일천 천 成이룰 성)라는 이름이 맘에도 꼭 들었고, 평소 즐겨하는 어패류가 맛있어서 무슨 일만 있다치면 회사 근처의 이 일식집을 자주 이용했다.

이 날은 오늘 회의에서 큰 꿈을 향한 첫발을 내딛었다는 것에 기분이 고조되어 있었는지 다들 흥겨운 분위기

속에서 평소보다 많이 마셨다. 자리에서 일어난 시각은 이미 자정을 넘긴 후였다.

"모두의 마음이 하나가 된다면 꼭 성공할 수 있어!"

가게를 나온 미야타는 겨울의 건조한 냉기에 휩싸이면서도 모두가 함께 새로운 스타트를 끊었다는 기쁨에 흥분하고 있는 자신을 느끼고 있었다.

▶ 회사의 이념이라는 것은?

다음 회의에서 중요한 임무를 맡은 가와모토는 자신이 지금껏 자사의 이념에 대해 별로 생각해 본적이 없다는 것에 조금의 놀라움과 자책을 느끼고 있었다.

"샵 컨셉의 명확화 없이 밀라노 익스프레스의 성공은 없다."

"밀라노 익스프레스의 영업형태에 대해 정의하자면 이렇다…"

등. 평소에 부하나 광고 대리점의 사람들에게 논하는 것을 좋아하는 가와모토였지만 막상 자사의 이념을 대라고 하니 대답하기가 곤란했던 것이다.

“회사의 이념을 구축할 때는 몇 개의 단계가 있을 것이라고 사장님이 말하셨지…. 거기서부터 조사해서 모두에게 의뢰할 사항을 몇 개로 정해보자.”

가와모토는 다음날 발리 서점으로 가 회사의 이념체계에 관련된 책을 몇 권 구입해 어떻게 이러한 것을 만들어내는가에 대해 자기 나름대로 정리해보았다.

【밀라노 익스프레스 이념체계의 구축단계】

① 현재 존재하는 회사 내 이념에 대한 것을 집약한다.
(예: 회사의 신념, 고객에 대한 기본정신. 회사의 담화 등)

② 자사의 사업에 대한 정의를 명확히 한다.
(사업영역의 명확화)

③ 기업의 사회에 대한 존재가치를 명확히 한다.
(존재가치의 명확화)

④ 경영의 기본적인 지침을 명확히 한다.
(경영이념의 명확화)

⑤ 사원에게 바라는 행동의 가치관이나 지침을 명확히 한다.
(행동규범의 명확화)

"말의 표현에는 여러 가지가 있겠지만 큰 단계로서는 이런 느낌이면 괜찮겠지…. 다른 간부들에게는 현재 사내에 있는 이념에 관한 문서나 표어를 가지고 오도록 하자. 그리고 나서 사장이 잡지 기사 등에서 했던 말들도 준비하면 좋을 거야!"

가와모토는 바로 멤버들에게 이메일을 보냈다.

다음 회의까지 현재 사내에 존재하는 이념에 관련된다고 생각되는 문서·표어·슬로건 등을 준비해 주십시오.

그리고 이어 사장비서 하시에게

사장님께서 과거에 매스컴에서 한 연설이나 인터뷰 기사 등을 다음 회의까지 준비해 주십시오.

등의 내용으로 이메일을 보냈다.

"사내자료는 이것으로 OK군. 남은 건 타사의 사례를 참고하여 준비해 봐야 겠는걸."

가와모토는 부하직원 한명에게 구입해온 책 중에서 몇몇 회사의 사례를 발췌하여 타사의 회사 안내를 모으도록 지시를 내리며 준비를 마쳤다.

▶ 지금까지의 경영을 돌아본다

2월 22일 오후 1시 30분.

전원이 회의실에 앉았을 때 예정대로 "이념체계의 명확화"라는 테마로 간부회의가 시작되었다.

운영책임자인 가와모토는 전날 나름대로 정리한 검토단계를 참가자에게 설명한 다음 모두가 가지고온 이념에 관한 문서나 표어를 화이트보드에 쓰기 시작했다.

【사원이념】

① 고객의 만족을 가장 첫번째 사항으로 한다.

② 언제나 미소를 지으며 인사를 잊지 않도록 한다.

③ 규범과 시간을 엄수한다.

④ 적극적으로 생각하며 행동한다.

⑤ 일을 사랑하고 커뮤니케이션을 소중히 여긴다.

【손님에 대한 기본정신】

① 사랑과 진심과 감사를 담아 손님을 대한다.

② 손님이 물어본 것에는 성의를 다해 답한다.

③ 손님과 이야기 할 때 밀라노 익스프레스의 대표는 바로 당신이다.

④ 손님의 항의를 내일의 밑거름으로 여긴다.

【사장님 언론 보도자료】

- 우리 회사는 이탈리아 요리를 통해 손님들에게 행복한 한 때를 제공해 주고 싶습니다.(경제지)
- 밀라노 익스프레스의 특징은 본고장의 맛, 빠른 속도, 즐거움입니다.(기업소개 TV프로그램)
- 밀라노 익스프레스는 종래의 패스트푸드로서의 레스토랑 업계를 뒤흔들 새로운 타입의 패스트푸드 레스토랑입니다. 제공하는 것은 이탈리아 요리입니다만 손님이 기뻐하길 바라는 점은 본고장의 맛과 가게의 분위기, 세세한 서비스입니다.(푸드서비스 전문지)

"이상이 여러분께 준비해 달라고 한 것을 하나로 정리한 것 입니다. 하나하나 우리 회사의 경영사상이 결집되어있는 말로서 이렇게 다시 보니 정말 멋진 말들뿐이라고 생각합니다. 하지만 자세히 보면 제대로 체계가 잡혀 만들어 진 것은 거의 없습니다. 이제 각각의 관련성이나 의미를 확실히 할 필요가 있다고 생각됩니다."

가와모토는 화이트보드 앞에서 써놓은 문구들을 바라보며 말을 이었다.

▶ 우리 회사는 어떤 기업인가

"그럼 단계에 따라 순서대로 검토해 주셨으면 합니다. 우선은 우리 회사의 사업영역규정을 어떻게 해야 하는지부터 보아주십시오."

"가와모토 부장. 사업영역규정이라고 하는 것은 구체적으로 무얼 말하는 것이지요? 아시다시피 우리 회사는 이탈리아 요리 패스트푸드 레스토랑이라고 확실히 표방하고 있을텐데요."

전무인 다카야마가 평소의 관서사투리의 억양으로 입을 열었다.

"말씀하신대로의 표현도 괜찮습니다만 사업영역규정은

회사에 제공하는 서비스를 구체적으로 표현한 것입니다. 예를 들어 '철도업'이라는 것보다는 '사람과 물건의 운송업'이라는 표현 쪽이 사업전개의 폭이 넓어지고 회사가 환경변화에 적응하기도 쉬우며 기업의 존속이 좌우된다고 여겨지고 있습니다. 따라서 우리 회사도 꼭 이탈리아 요리에 얽매여야 할 필요는 없고 패스트푸드 레스토랑이라는 형태에 고정될 필요도 없다는 것입니다."

"가와모토 부장이 말씀하신대로 일지도 모르겠군요. 우리는 언제나 바쁜 손님들이 조금이라도 안정적으로 생활의 윤택함을 맛볼 수 있게 하려는 목적으로 사업을 운영해 왔습니다. '이탈리아 요리를 좋아하는 이들에게 본고장의 맛을 맛보게 하고 싶다'라는 것도 있었지만 회사가 꼭 완고하게 지금의 형태에만 얽매일 필요는 없을지도 모릅니다.

미야타가 기와모토의 의견에 동의함으로써 사업영역 규정에 관한 표현을 적어도 검토는 해야 한다는 것으로 의견이 흐르기 시작했다.

"여러분 우리 회사를 어떤 기업이라고 규정하는 것이

가장 적절하다고 생각하십니까?"

가와모토가 전원을 천천히 둘러보았다.

"이탈리아 요리에 얽매이는 것인지, 패스트푸드 레스토랑이라는 형태에 얽매이는 것인지, 아니면 푸드서비스에만 얽매이고 있는 것인지 등의 합의가 아직 우리들 안에서 확실히 정해져 있지 않은 것은 아닐지요?"

교육담당자답게 와타나베가 논점을 정리하는 듯한 의문점을 던졌다.

"우리가 이탈리아 요리에서 멀어져 버리면 우리 회사의 존재가치가 없어지는 듯한 기분이 드는 건가요?"

현재의 밀라노 익스프레스의 업무형태를 현장에서 만들어 가고 싶다는 자부심 때문인지 영업부장인 토오다는 사업영역규정이 너무나 추상적이고 현재의 운영상태에서 동떨어져 있다는 지적에 대해 꽤 저항적이었다.

"현재의 운영상태에서 일본 제일의 체인점으로 만들고 싶습니다. 그렇기 때문에 '이탈리아 요리를 통해 사람들에게 무언가 멋진 것을 제공한다'라는 표현이 좋지 않습니까? 그 무언가에 대해서는 다같이 검토하는 것으로 하고…"

다카야마 전무가 평소답지 않게 강경하고 간단하게 정의하려고 하였다.

"정말로 이탈리아 요리에 얽매일 필요가 있을까요? 사장님 어떻습니까?"

꽤 넓은 규정을 생각하고 있던 가와모토가 조금은 격앙된 말투로 미야타에게 도움을 청했다.

"현재는 이탈리아 요리에 애착이 있다는 모두의 의견은 잘 알겠습니다. 단지 이탈리아 요리라고 해도 일본풍으로 접목시킨 면도 실제로 있기 때문에 조금 더 넓은 표현이여도 좋지 않을까 생각하는데…"

미야타는 무언가 확실하게 잡히지는 않지만, 환경적응을 생각하면 어느 정도 유연성이 있는 넓은 개념의 표현에 가까운 편이 좋겠다고 생각하고 있었다.

"지금 당장 우리 회사가 현재의 밀라노 익스프레스 이외의 것을 적극적으로 손을 뻗쳐야할 이유는 없는 거군요?"

가와모토가 확인하듯이 말했다

"그런 일은 절대로 없을 겁니다."

노오다가 바로 반응했다

"그럼 역시 이탈리아 요리라는 단어가 들어간 표현이 필요한 겁니까?"

"이탈리아 요리라는 단어는 어떤 형태로라도 들어가야 할 겁니다."

"지금 단계에서는 이탈리아 요리라고 하는 글자는 분명 필요합니다. 한번 규정하면 영원히 바꿀 수 없는 것도 아니지 않습니까."

다카야마가 토오다에게 동의했다.

"'이탈리아 요리를 중심으로 해서'라는 표현이면 어떨까요?"

와타나베가 전체의 의향을 모아보듯 말하자

"그렇군. 지금의 단계에서 너무 큰 표현을 쓰면 우리 회사의 특징이 잘 보이지 않게 될 염려가 있습니다. 그런 표현이 좋을지도 모르겠군요. 어떤가요, 가와모토 부장?"

미야타가 결론을 정하려는 듯 가와모토를 보았다.

"네. 현 단계에서는 저도 '이탈리아 요리를 중심으로'라는 표현이 적절하다고 생각되네요. 음… 그럼 다음으로 패스트푸드 레스토랑이라는 표현은 어떻게 할까요?"

가와모토가 다시 한번 전원을 바라보며 의견을 구했다.

"그 표현은 너무 흔해서 우리 회사의 유니크한 운영형

태를 표현하기에는 많이 부족한 느낌이 들어 별로 좋지 않은 것 같습니다."

토오다가 말하자,

"저도 그렇습니다. 특히 패스트푸드라는 말은 요즘은 별로 환영받는 단어가 되지 않습니다."

와타나베가 그 뒤를 이었다.

"밀라노 익스프레스의 운영상태를 표현하기에는 어울리지 않을지도 모르겠군요. 햄버거집같은 무기질적이면서 아이들 위주의 식당도 아니고, 본격적인 레스토랑도 아닌 새로운 타입의 푸드 서비스업이니까요."

"밀라노 익스프레스가 손님들에게 제공하고 싶은 '친근감' '여유' 그리고 '본고장의 맛'이라는 점이 표현되는 것이 중요하지 않을까요?"

미야타는 대답하면서 밀라노의 바에 갔었던 일을 생각해냈다.

"손님에게 느끼게 해주고 싶은 혜택이라는 게 어떤 것인지…?"

가와모토가 생각이 정리되지 않는다는 듯 묻자,

"맛, 즐거움, 여유……"

지금껏 말 한마디 없이 모두의 의견에 귀 기울이며 컴

퓨터에 회의록을 작성하고 있던 하시가 이것만은 자신의 생각을 알아달라는 듯 갑자기 입을 열었다.

"죄송합니다, 갑자기. 그렇지만 제가 밀라노 익스프레스에 가는 건 본고장의 맛을 느끼면서 즐거움도 느낄 수 있고 여유로움을 느낄 수 있기 때문입니다. 여러분도 분명 그러리라 생각합니다만…."

"하시가 말한 대로군요. 밀라노 익스프레스는 맛 하나, 서비스 하나만이 아닌 하시가 말한 3가지가 전부 만족되지 않으면 안된다고 생각합니다."

미야타가 하시가 말한 것에 전면적으로 동의했다. 그러자 전원이 동의하는 표정으로 고개를 끄덕였다.

"지금까지의 검토결과를 모아보면 다음과 같이 된다고 생각합니다."

【밀라노 익스프레스 사업규모규정】

이탈리아요리를 중심으로 일본 전역의 사람들에게 본고장의 맛을 편안한 분위기에서 여유로운 한때를 제공하는 사업을 행한다.

"지난 회의 때 일본전역으로 나아가고 싶다는 점에서는 모두가 동의한 것이어서, 사업의 대상으로서 '일본전역의 사람들'이라는 단어를 넣어보았습니다."

가와모토는 사업대상에 대한 근거를 설명하면서 읽어나갔다.

"멋진 규정이군요. 우리들의 생각이 굉장히 잘 표현되어있다고 생각됩니다."

미야타가 결정한 듯 말하자 전원이 크게 고개를 끄덕였다."

▶ 우리 회사의 존재 가치는 무엇인가

"다음은 우리 회사의 존재가치에 대해 구체적으로 검토해야 할 것 같습니다."

"기업의 존래가치라…. 지금까지 별로 깊게 생각해 본 적 없는 테마군요."

전무인 다카야마가 과거를 돌아보는 듯한 눈빛으로 미야타를 바라보며 중얼거렸다.

"확실히 모두가 구체적으로 생각하거나 검토하지는 않

았던 것 같습니다. 하지만 손님을 기쁘게 하고 싶다는 신념만은 항상 말해왔습니다."

미야타가 다카야마의 말에 대답하자 가와모토가 말했다.

"그렇습니다. 지금까지 사장님을 비롯, 이곳에 계신 모든 분이 사원이나 거래처, 매스컴 쪽에 말한 것과 같은 것을 상기하여 정리해가면 괜찮을 것 같습니다."

가와모토는 참가자의 의견이 쉽게 나오도록 문장이 아닌 키워드가 될 단어를 말해보도록 하였다.

'본고장의 맛을 제공'

'편안한 한 때를'

'이탈리아 식문화의 전도'

'즐겁고 편안한 한때를 맛보게 한다'

'일상의 스트레스로부터의 해방'

'사람들의 모임장소 제공'….

각각이 브레인 스토밍의 요령으로 키워드를 던져 보았지만 뭔가 딱 이것이라고 할만한 단어는 나오지 않았다.

"가와모토 부장. 무언가 타사의 사례가 있다면 좋겠는데요. 베끼는 것이 아니라 평소에 생각한 것을 제대로 말하기 위해 참고로 할 수 있을까 해서요."

미야타는 적당한 단어가 떠오르지 않은 것에 약간 조급함을 느끼며 가와모토쪽을 바라보았다.

"예. 이번에 공부를 위해 모은 책과 각사의 회사 안내 등에서 몇 개정도 사례가 될 만한 것들을 모아봤습니다."

- 모스버거의 기본방침 : 매장 전체가 선의로 넘치고 누구에게나 친철하고 상냥하게 밝고 따뜻하게 정돈된 행동, 청결한 가게와 인품, 그런 매장이 되고 싶다. '마음의 평안' '흐뭇한 따뜻함'을 느끼게 하기 위해서 노력하자
- 야쿠르트의 시업이념 : 우리들은 생명과학의 추구를 기본으로 하며 세계 사람들이 건강하게 즐거운 생활을 만드는데 공헌한다.
- 와타비 푸드서비스의 경영목적
  ① 한사람이라도 많은 손님에게 여러 가지 만남의 장소로서 편안한 공간을 제공하는 것
  ② 회사의 번영, 사원의 행복, 관련회사, 판매업자의 번영, 새로운 문화의 구축, 인류사회의 발전. 인류의 행복에서 공헌

"각사마다 다 멋진 이념을 가지고 있군요. 역시 성공한 기업은 자신들의 사상을 정확하게 명시하여 모토로 삼고 있군요."

미야타는 이제 와서 이런 걸 깨닫나 하는 표정으로 감탄했다.

"조금만 더 고객들의 목적이나 사회에의 공헌에 대해 큰 시각으로 생각해 봅시다."

라며 한번 더 천천히 타사의 사례를 훑어보기로 했다.

"'식사를 통해 새로운 라이프스타일을 구축한다'라는 것은 어떨까요?"

지금까지 별로 적극적으로 발언하지 않았던 와타나베가 겨우 생각이 정리된 듯 모두에게 물었다.

"좋군요. 뭔가 사회에 적극적으로 기여하는 느낌이 드는군요."

전무인 다카야마도 처음으로 크게 끄덕였다.

"좋군. 그리고나서 편안함이라던가 즐거운 한때를 맛본다라는 시점으로 무언가 표현을 더하면 좋을 듯한데…"

미야타가 평소의 생각을 꼭 넣고 싶다는 열의로 답했다.

가와모토는 운영책임자의 의무를 다하기 위해 여기까지 나온 의견을 모으고자

"그럼 '식사를 통해 새로운 라이프스타일을 구축하고 여유로운 편안함을 느끼게 해주는 사회실현에 공헌한다'는 어떻습니까?"

라고 말하며 화이트보드에 써넣었다.

"라이프스타일을 조금 더 넓은 의미로 '문화'라는 표현으로 쓰면 어떨까요?"

미야타가 조금 말을 바꾸어 본다.

"끝부분은 '마음의 여유와 평안함을 느끼게 하는 사회의 실현에 공헌한다'라는 표현 쪽이 좋다고 생각됩니다만…"

와타나베도 미야타와 같이 기왕 여기까지 온 거 납득이 될 때까지 고쳐 나가보자 라는 생각으로 이어나갔다. 가와모토는 방금 전 화이트보드에 써놓은 문장 바로 밑에,

'식사를 통해 새로운 문화를 구축하고 마음의 안정과 평안을 느낄 수 있는 사회의 실현에 기여한다'라고 썼다.

"어떻습니까? 여러분!"

가와모토는 화이트보드에 쓴 말을 본 후 전원의 얼굴

을 한명 한명 확인하듯 바라보았다.

“뭔가 멋있으면서도 꿈이 있는 말이네요. 밀라노 익스프레스라고 하는 가게를 통해 이렇게 큰 꿈을 모든 사람들에게 전하는 것이 가능하다니. 굉장한 일이군요. 꼭 이걸로 갑시다.”

미야타가 약간 흥분된 어조로 말했다.

“찬성합니다. 뭐랄까… 우리들의 사업이 이렇게 굉장한 일일 수도 있군요!”

토오다도 흥분한 기미가 엿보인다.

“다른 분들은 어떻습니까?”

가와모토가 이어 물었고,

“이의 없습니다.”

다카야마와 와타나베도 동의했다.

하시는 설레는 마음으로 화이트보드를 보며 자판을 두드렸다.

【밀라노 익스프레스 존재가치】

밀라노 익스프레스는 식사를 통해 해로운 문화를 구축하고 마음의 안정과 평안을 느끼게 하는 사회의 실현에 기여한다.

미야타의 머리위에 걸려있는 시계는 벌써 6시를 가리키고 있었다.

"예정된 시간이 많이 지났지만 이념체계는 누구 한명이 일방적으로 정할 것은 아니라고 생각합니다. 계속해서 진행하고 싶습니다만… 괜찮으시겠습니까?"

가와모토는 시간이 걸려도 적어도 이 멤버 내에서 충분한 시간을 들여 의논할 필요가 있다고 생각했다.

"중요한 일이니 한번 끝까지 해보죠."

언제나 회의는 '단시간 내에, 효율적으로!'라고 말하는 미야타도 내용이 내용인만큼 서두르지 않고 검토해주길 바라는 마음이었다.

▶ 경영의 지침을 정한다

"다음은 경영이론에 대해서 검토를 부탁드립니다."

가와모토는 미리 생각해 놓은 단계에 따라 회의를 진행했다.

"경영이념에 대해서는, 현재 사원의 마음가짐과 고객에게 대하는 기본정신에 규정되어 있는 내용으로는 안 되는 건가요?"

밀라노 익스프레스에서는 모든 점포의 모든 직원이 개점전 조례 때 사원의 마음가짐과 기본정신을 제창하는 것이 습관이 되어있었다. 토오다는 자신이 정한 이런 습관을 만족해하면서 이제 와서 바꿀 필요가 있냐는 불만의 투로 말했다.

"여러분이 검토한 결과 현재 쓰고 있는 것이 좋다면 바꿀 필요는 없다고 생각합니다. 하지만 정말로 좋은지, 더 좋게 바꿀 여지가 있지는 않은지 한번 검토하는 것이 좋을 것 같습니다."

가와모토는 토오다같은 현장책임자가 범하기 쉬운 현재안주형 발상에 조금 저항을 느끼면서 검토를 계속해 달라고 전원에게 말했다.

조금의 정적이 흐른 후 토오다가 빨리 끝내고 싶다는 듯이,

"사원의 마음가짐의 최초에 있는 '손님의 만족을 제일로 생각하자'는 꼭 들어가야 합니다."

라고 입을 열었다.

이어 여러 의견이 오고 간 후 기존의 내용 중에서는

'일을 사랑하고 커뮤니케이션을 소중히 하자!'

'사랑과 진심과 감사를 담아 고객을 대하자!'

등이 남았다.

"현재 쓰고 있는 것 중에서는 이 세 개가 남았습니다. 이제는 사업강령과 존재가치에 따라 필요하다고 생각되는 점을 생각해 주십시오."

가와모토가 먼저 말했다.

"본고장입니다. '본고장의 맛을 제공한다.' 이것밖에 없습니다."

현장에서 종업원들에게 입이 닳도록 이야기 하듯이 토오다가 이곳에서도 성급한 어투로 제안했다.

"손님들에게 안정과 마음의 평안을 주는 가게를 만든다는 것을 생각한다면 '손님만이 아닌 종업원 자신도 안정과 마음의 평안을 얻는 경영을 행한다'라는 것이 필요하지 않을까요?"

인사담당답게 와타나베가 사원을 위한 경영지침의 필요성을 첨가했다.

"손님과 종업원뿐만 아니라 우리 회사를 둘러싼 모든 사람들이 행복하게 된다는 것도 필요하겠지요."

다카야마가 개업 이래 여러 신세를 진 거래처 담당자

의 얼굴을 떠올리며 제안했다.

“존재가치에 있는 ‘식사를 통해 새로운 문화’를 구축하기 위해 ‘평소에 새로운 상품과 서비스를 계속 전개한다’는 어떻습니까?”

기획부장으로서 가와모토가 덧붙여 말했다.

이렇게 각 사람들이 자신의 배경이나 평소의 생각을 이것저것 말로 옮긴 결과 밀라노 익스프레스의의 경영이념은 다음과 같은 내용으로 정리되었다.

【밀라노 익스프레스 경영이념】

1. 손님의 만족을 제일로 하는 경영을 한다.
2. 항상 본고장의 것을 제공하는 것을 사명으로 한다.
3. 사원만이 아닌 우리 회사에 관련된 모든 사람이 행복해지는 경영을 한다.
4. 일을 사랑하고 상호간 신뢰를 기본으로 경영한다.
5. 새로운 문화구축을 목표로 하여 손님들에게 감동을 전할 수 있는 상품과 서비스를 계속하여 전개한다.

위의 말을 화이트보드에 쓰고 난 가와모토는 겨우 정리된 경영이념을 읽어보며 모두의 표정을 살폈다.

"알기 쉽고 모두의 의지가 각자 반영된 것도 멋지군요. 저도 지금까지 생각해오던 것이 시원하게 정리된 것 같아 정말 기쁩니다."

미야타는 자신의 생각이 모두의 토의 끝에 자연스럽게 문장으로 표현된 것에 만족감을 느끼고 있었다.

▶ 행동의 규범을 정한다

마지막 단계에 도달했을 때는 이미 8시를 넘기고 있었다.

"식사도 거르고 하는 겁니까?"

젊은 토오다가 공복에 견디지 못해 주위에 물었다.

"가와모토 부장, 아직 좀더 걸리겠지요? 미안하지만 하시씨, 긴자점의 코바야시군에게 말해서 피자와 마실 것을 준비해 주세요."

미야타는 끝까지 해보자고 한 말도 있고 해서 본사 근처에 있는 긴자점에서 식사를 시키라는 지시를 내렸다.

가와모토는 15분 정도 휴식을 제안하고 조금 지친 듯

눈 사이를 지그시 눌렀다.

휴식시간이 끝나기 전에 긴자점장인 코바야시가 피자와 음료를 가지고 도착했다.

"저밖에 손이 비질 않아서 직접 가지고 왔습니다. 늦은 시간까지 여러분 무슨 회의입니까?"

"수고하네. 코바야시군. 바쁜 와중에 무리한 부탁을 해 미안하군. 우리 회사의 이념체계에 대한 검토회의야. 마침 자네들 의견도 꼭 들어보고 싶군."

"이념 말입니까…? 뭔가 테마가 너무 커서 잘 모르겠습니다만…, 그렇지만 정해지면 빨리 밑에도 전해주십시오. 사실 숫자만 좇다보면 모두 지쳐버리기 때문에 뭔가 꿈이 필요하다고 생각하고 있던 참이었습니다. 죄송합니다. 주제넘은 말이 아닌지 모르겠네요…."

미야타는 코바야시의 근면성과 모두가 좋아하는 인품이 맘에 들었다.

"알았네. 기대해도 좋아."

코바야시가 피자와 음료를 테이블 위에 올려놓자 전원이 모였다.

"그럼 회사의 행동규범에 대해 검토해 주십시오. 방금과 같이 사원의 마음가짐과 손님에 대한 기본방침을 베이스로 해주십시오."

코오다는 테이블 위의 피자를 가르며,

"손님에의 감사가 첫째지요! 나머지는 규율입니다."

라고 평소처럼 성급하게 말을 꺼냈다.

"미소도 중요하지요. 또 커뮤니케이션도 있습니다."

와타나베는 사원교육 때 처음 배우는 것을 말했다. 거기에 '긍정적이고 적극적인 행동', '모두와 협력하는 모습', '인사를 잘하는 것', '자신들의 일에 긍지를 갖는 것' 등의 의견들이 나왔고, 이것들을 정리하여 다음과 같은 행동규범이 완성되었다.

【밀라노 익스프레스 행동규범】

1. 평소 손님과 주변의 모두에게 감사하자.
2. 긍정적이고 적극적으로 행동하자.
3. 미소와 인사와 커뮤니케이션을 잊지 말자.
4. 시간과 규율을 철저히 지키자.
5. 자신들의 일에 긍지를 갖자.

"장시간에 걸쳐 수고하셨습니다. 지금까지 확실한 방향을 잡지 못했던 것은 제가 부족했기 때문입니다. 그렇지만 오늘부터는 가슴을 펴고 사원여러분들과 이야기를 나눌 수 있을 것 같습니다. 오늘 정한 것들이 영원한 것이라고는 생각하지 않습니다만, 현재의 우리 회사에 있어서는 최고의 것이 만들어 졌다고 생각하니 기쁩니다. 단지 만든 것에서 그치지 맙시다. 사원뿐만 아니라 아르바이트생들도 철저하게 교육이 이루어져야 처음으로 의미를 가지게 된다고 생각합니다. 특히 현장의 사람들과 접하는 위치의 분들은 이 이념교육을 가장 중요한 사명이라고 생각해 주십시오.

오늘은 정말로 수고하셨습니다!"

마지막으로 미야타는 오늘부터 시작한다는 의미를 말에 담아 자신의 진지함을 전원에게 전했다.

□ 프랜차이즈 성공 STEP 1 FRANCHISE

본문에서 일어난 것처럼 기업이 궁극적으로 갖춰야 할 모습을 발견하여 이념체계를 정리하는 작업은 자사에게 적합한 사업분야나 사회에 대한 존재가치를 다시 한번 명확히 해준다. 또한 구성원간의 일체감을 높이고 목표를 향해 하나가 되는 힘의 원동력이 된다.

이러한 힘이야말로 기업체질을 혁신하고 새로운 사업전개를 모색할 때 불가결한 요소이다. 프랜차이즈 시스템의 도입은 지금까지와는 달리 전혀 새로운 경영구조로 전환하여 새로운 사업을 행한다는 것을 의미한다. 따라서 그 전개에 있어서 반드시 다음과 같은 작업이 선행되어야 한다.

■ 이념공동체로서의 프랜차이즈

프랜차이즈는 이념공동체라고도 불린다. 본부와 가맹자가 동일한 이념을 모토로 집결해 프랜차이즈 전체의 목적달성을 위해 노력하기 때문이다. 그리고 조직 내에 자본관계가 없는 경영자들이 다수 참가하기 위해 구심력을 높이기 위해서는 일반기업이상으로 이해하기 쉽고 전원이 공감할 수 있는 이념이

요구되어진다. 확실히 명문화되는 것은 당연히 필수요소이다.

사업영역규정, 존재가치규정, 경영이념규정, 행동규범목표의 명확화를 항목별로 정리해 보자.

■ **사업영역규정**

자사가 어떤 분야에서 사업을 하고 있는가를 나타내는것. 미래 환경변화에의 대응이나 사업의 차별화요인을 명확히 하기위해서도 이 사업이 제공하는 본질적인 기능을 표현한 정의가 필요하다.

■ **존재가치규정**

자사가 사회에 대해 어떤 혜택을 제공하고 있는가 규정하는 것. 사회에 둘 수 있는 존재가치를 명확히 하여 조직구성원 전원이 긍지를 가지고 일할 수 있는 내용이 좋다. 기업내외에 자사의 이념을 발신할 때 중심 메시지가 된다.

■ **경영이념규정**

사업영역의 규정을 의미한다. 존재가치규정을 기본으로 하여 어떤 방침과 태도로 기업이나 본부를 운영해 갈 것인가를 정의한 것. 주로 조직구성원에게 발신하여 의사통일이나 일체감을 조성하고자 하는 목적이 있다.

■ 행동규범

경영이념을 기본으로, 나아가 과거로부터 이어져온 사원의 마음가짐 등을 참고로 조직구성원이 일상적으로 행동이나 판단시에 기준으로 할만한 규범을 정의한 것.

■ 목표의 명확화

이념체계의 명확화와 함께 프랜차이즈의 성공에 필수불가결한 것은 조직구성원이 공유할 수 있는 목표의 설정이다(밀라노 익스프레스의 경우는 일본 제일의 프랜차이즈를 목표로 하는 것이 당면목표였다).

구체적으로는 3년 후나 5~10년 후라는 중장기에 걸맞은 경영목표를 설정하여 조직구성원 전원만이 아니라 가맹자에게도 매력적이고 꿈이 있는 내용이여야 한다. 밀라노 익스프레스는 일본제일 다음으로 세계를 목표로 삼는다는 내용이 들어가 있지만 체인을 구성하는 사람들이 더욱 큰 꿈을 가지고 있는 듯한 목표를 내놓는 것도 장래에 대한 영속적인 발전을 위해서 필요한일이다.

중요한 것은 이념체계를 명확히 하고 조직구성원 전원에게 철저히 인지시키며, 꿈이 있는 장래목표를 향해 전원이 계속 노력해 나갈 수 있는 사이클을 구축하는 것이다.

이것이야말로 프랜차이즈 성공의 첫 번째 스텝이라고 할 수 있다.

chapter 2

우리 회사의 프랜차이즈 적성은?
: 프랜차이즈는 성장을 위한 최적의 방법인가?

프랜차이즈 시스템에 대한 교육과 도입 타당성 여부를 검토하는 회의진행을 지시받은 와타나베는 다음 날부터 정력적으로 프랜차이즈시스템에 대해 조사하기 시작했다.

그는 밀라노 익스프레스에 입사하기 전에 유명 체인본부 일급 매니저였다. 그 전에는 몇 년 동안 슈퍼바이저 경험도 있었다. 그러나 프랜차이즈 체인 담당이 아니라 직영점 담당이었기 때문에 엄밀하게 말하면 프랜차이즈 시스템의 프로라고 할 수는 없었다.

따라서 조사한다고 해도 어디서부터 시작해야 할지 구체적으로 감이 잡히지 않았다.

"우선 프랜차이즈 시스템을 공부해야지."

와타나베는 전에 재직했던 본부에 도움을 요청하기로 했다. 기획부장으로 있는 선배 사토에게 전화를 걸어 프랜차이즈를 체계적으로 공부하려면 어떻게 해야 하는지를 물었다.

"관련서적이 몇 권 있기는 하지만 체계적으로 쓰여진 책은 거의 없어. 우선 프랜차이즈체인협회로 가는 게 어떨까? 협회에서 발행한 출판물도 꽤 있고 세미나도 정기적으로 개최하는 것 같은데…. 내 선배인 야마모토라는 사람이 부장을 맡고 있는데 한번 연락해 줄까?"

"감사합니다. 꼭 소개 좀 해 주세요, 선배님."

사토의 소개로 바로 그 날 오후에 협회 사무실을 방문할 수 있었다. 사무실은 롭뽕기 사거리에서 100미터 정도 떨어진 빌딩 3층에 있었다.

'좀 분위기가 어두워 보이는데… 그래… 협회 사무실이

라 뭐 이렇겠지….'

혼자 중얼거리며 유리문을 열어 바로 앞에 있는 안내데스크 여직원에게 말을 걸었다.

"안녕하세요? 와타나베라고 합니다. 야마모토 부장님 계십니까? 조금 전에 찾아뵙는다고 약속을 했습니다만…"

"예. 잠시만 기다려 주십시오."

친절하게 보이는 여직원은 사무실 안쪽에 앉아 있는 야마모토에게 손님의 방문을 전했다.

야마모토는 환하게 웃는 얼굴로 안내데스크까지 걸어왔다.

"잘 오셨어요. 사또씨한테 이야기 들었어요. 프랜차이즈 시스템에 대해 알아보고 싶다면서요."

"예. 갑자기 찾아와서 죄송합니다. 프랜차이즈 시스템에 대해 뭔가 참고할 만한 책이나 세미나 같은 것이 있으면 가르쳐 주셨으면 해서 찾아왔습니다."

야마모토는 안내데스크 옆에 있는 응접실에 와타나베를 안내했다.

"앉으세요. 마침 오늘 좀 여유가 있네요. 제가 아는 범위 내에서 설명해 드리겠습니다."

두 사람은 응접실에서 마주앉아 본론으로 들어갔다.

“일단은 프랜차이즈 시스템에 대해 쉽게 접근할 수 있는 서적이나 세미나를 소개받았으면 합니다.”

“책이라면 우리 협회가 발행한 것이 있으니 여기서 구입하시면 돼구요, 세미나는 우리 협회가 주최하는 것이 정기적으로 있지만, 지금 당장 계획이 잡힌 것은 없습니다. 만약 구체적으로 강의 같은 걸 듣고 싶다면 제가 아는 컨설턴트를 소개해 드릴까요? 사실 협회에는 실제적인 사업노하우를 구체적으로 아는 사람은 없거든요.”

야마모토는 응접십에서 나가 안내데스크 바로 앞에 있는 책장에서 협회가 발행하는 서적의 일람표와 통신교육이나 각종 세미나의 안내 팸플릿을 갖고 와서 설명해 줬다.

“이것이 참고도서 일람과 세미나 팸플릿이고, 입문서적으로는 이 세 권이 가장 좋아요.”

와타나베는 한 달 후에는 다른 간부들에게 설명해야 한다는 시간적인 제약이 있었기 때문에 야마모토가 추천해 준 책을 구입하여 컨설턴트 소개도 부탁하고 사무실을 나왔다.

야마모토가 추천해 준 책은 『프랜차이즈 비즈니스의 기초지식』 『프랜차이즈 계약의 지식』 『프랜차이즈 핸드북』의 세 권이었다.

와타나베는 롭뽕기에서 긴자까지 지하철을 타는 동안 구입한 책을 바로 읽고 싶다는 충동을 느꼈다.

'빨리 나름대로 정리해서 간부들에게 잘 설명해야 되는데….'

▶ 프랜차이즈의 정의

와타나베는 회사에 돌아와 자리에 앉자마자 주위 사람들을 개의치 않고 사 온 책들을 읽기 시작했다. 세 권의 책을 다 읽고 나자 본사 직원들은 아무도 없었다.

와타나베는 컴퓨터를 켜고 우선 프랜차이즈협회의 프랜차이즈에 대한 정의를 입력해 봤다.

【일본 프랜차이즈협회의 정의】

프랜차이즈란 사업자(「프랜차이저」라고 부른다)가 다른 사업자(「프랜차이지」)라고 부른다)와 계약하고 자기 상표, 서비스, 마크, 거래, 이름, 기타 영업의 상징이 되는 표식 및 경영 노하우를 가지고 동일한 이미지 아래 상품의 판매, 기타 사업을 하는 권리를 부여하고, 한편 프랜차이지는 그 대신 일정한 대가를 지불하고 사업에 필요한 자금을 투입하여 프랜차이저의 지도 및 원조 아래 사업을 하는 것을 의미한다.

【참고: 한국 가맹사업법상의 프랜차이즈 정의】

가맹사업(프랜차이즈)이라 함은 가맹본부(프랜차이저)가 가맹점사업자(프랜차이지)로 하여금 자기의 상표·서비스표·상호·간판 그 밖의 영업표지를 사용하여 일정한 품질 기준에 따라 상품(원재료 및 부재료를 포함) 또는 용역을 판매하도록 함과 아울러 이에 따른 경영 및 영업활동 등에 대한 지원·교육과 통제를 하며, 가맹점사업자는 영업표지의 사용과 경영 및 영업활동 등에 대한 지원·교육의 대가로 가맹본부에 가맹금을 지급하는 계속적인 거래관계를 말한다.

'이 정의를 참고로 하면 좋지만 좀 더 알기 쉽게 풀어서 설명해야 되겠어.'

와타나베는 다음 회의에서 간부들에게 알기쉽게 직접 설명해야 한다는 점을 감안해 이 정의를 협회에서 사 온 참고도서에서 인용하면서도 요점만을 정리해 보았다.

※ 프랜차이저(본부)와 프랜차이지(가맹자)는 계약관계로 맺어져 있다.

※ 서로 권리와 의무를 갖는다.

※ 본부는 자기가 개발하여 성공한 사업을 하는 권리를 가맹자에게 부여하고 그 대가로 가맹금이나 로열티 등 프랜차이즈 수수료(fee)를 가맹자가 본부에게 지불한다.

※ 본부는 가맹자가 사업을 성공할 수 있도록 계속적으로 지도 및 지원을 해야 한다.

※ 본부와 가맹자는 각각 독립된 경영체이긴 하지만 사업에 대해서는 동일한 이미지로 운영한다. 즉 전혀 자본관계가 없는 회사가 외부에서 보면 완전히 같은 기업으로 보인다는 것이다.

"요점은 이 정도면 되겠지."

와타나베는 나름대로 정리한 요점을 보면서 밀라노 익스프레스의 경우와 맞춰봤다.

'계약관계에 있다는 점은 계약내용을 어떻게 하는가 라는 문제를 내포하니까 앞으로 검토해야 할 과제로 삼자.'

'본부가 스스로 개발하고 성공한 사업이라는 점에서는 우리가 독자적으로 개발한 업종이고 타사와는 분명히 차별화되어 있다. 직영점 모두 흑자 운영이고 창업한 지 5년이나 되었으니 이 점에서도 합격이다.'

'사업하는 권리를 부여한다는 것은 어딘가에 점포를 개업할 수 있는 권리를 준다는 거니까 기존의 점포와 경합이 안 되는 지역이라면 문제가 없다.'

'사업성공을 위한 계속적인 지도 및 지원에 대해서는 직영점을 개업할 때 거의 전문지식이 없는 사람들을 교육해 왔다는 경험이 있어서 잘 할 수 있을 것이다.'

"그래. 이 정도라면 기본적인 수준은 된다!"

와타나베는 밀라노 익스프레스에 입사한 지가 아직 3년 밖에 안 되었다. 유명 체인 본부에서 기대를 한몸에 받던 젊은 사원이었던 그는 우연히 외식경영연구회에서 알게 된 미야타 사장의 열의에 감동을 받고, 또한 자신의 가능성을 더 자유롭게 발휘할 수 있는 직장에 매력을 느껴서 이직을 결심하였다.

와타나베는 밀라노 익스프레스의 장래성을 믿고 있었

다. 그러나 미야타가 이렇게까지 빨리 프랜차이즈 시스템을 도입하리라고는 꿈에도 생각하지 못했다.

'간단한 일이 아니겠지만 성공할 수 있는 소지는 있을 것 같다.'

조금 조사하면서 충분히 가능성이 있다는 느낌이 들었다. 하지만 프랜차이즈의 뜻을 알아본 것만으로는 현실적인 도입을 결정하기에는 무리가 따른다. '그럼 무엇을 해야 하는가' 하고 생각하는 사이에 막차 시간이 지나버렸다.

'지금 집에 가 봤자 잠도 안 올 거고 내일도 아침 일찍부터 미팅도 있으니까 마저 하고 여기서 자야겠다.'

▶ 프랜차이즈 업계를 조사함

와타나베는 캔 커피를 마시면서 계속 컴퓨터를 응시했다.

※ 프랜차이즈의 역사

※ 프랜차이즈업계의 규모

※ 동종업계에서의 도입사례

※ 프랜차이즈 도입의 장단점

'최소한 이 정도는 조사해야 운영책임자로서의 역할을 다했다고 할 수 있겠지?'

책임감 있는 와타나베는 맡은 바 일에 대해서 빈틈없이 완벽을 추구하는 편이었다.

프랜차이즈의 역사에 대해서는 협회에서 구입한 『프랜차이즈 비즈니스의 기초지식』에 자세히 나와 있었다."

'일본에서 시작된 건 1963년 후지야와 다스킨이구나…. 아직 30여년 밖에 안 됐는데, 역사가 그리 긴 것도 아니네.'

와타나베는 미국과 일본의 프랜차이즈에 관한 역사를 연도별로 정리하여 연표 형태로 만들기로 했다.

업계의 규모에 대해서는 야마모토 부장이 프랜차이즈 협회의 조사데이터가 해마다 발표되고 있다고 말했었다. 그 데이터를 게재한 협회 발행의 『프랜차이즈에이지』의 과월호도 같이 구입해 왔었다.

'동종업계의 프랜차이즈 도입사례라… 우리와 똑 같은 곳은 없으니까 비슷한 업종을 찾아봐야겠지….'

혼자 중얼거리면서 일상에서 흔히 볼 수 있는 패스트푸드점이나 카페테리아를 상기했다.

햄버거 위주의 모스와 롯데리아, 카페 도도루 , 샌드위치 위주의 서브웨이 등은 바로 생각났지만 나머지는 어떤 것이 있는지 생각이 잘 떠오르지 않았다.

'그래… 프랜차이즈 본부를 망라한 책들이 몇 권 있었던 것 같다. 내일 바로 서점에 가서 알아보자.'

'장단점은 협회가 발행한 책자에도 있었지만 이 부분에 대해서는 내가 나름대로 분석할 수 있을 것 같다. 내일 검토하자.'

이 생각 저 생각으로 혼자 컴퓨터에 앉아 중얼거리고 있자니 벌써 해가 떠오르기 시작했다. 와타나베는 미팅을 위해서 조금이라도 잠을 자둬야겠다는 생각으로 눈을 붙이려고 수면실에 들어갔다.

사장에게 프랜차이즈 사업을 전개하겠다는 이야기를 들은 지 이제 이틀밖에 안 됐지만 와타나베는 꽤 오래 전부터 일을 시작해 왔다는 착각에 빠지면서 어느덧 깊이 잠들어버렸다.

수면실은 먼저 출근한 사람이 깨워 주기로 되어 있어서 깜빡 못 일어나서 지각하는 일은 없었다. 눈 깜짝할 사이에 출근시간이 되었다. 늘 제일 먼저 출근하는 사장 비서인 다치바나가 깨워 줬다. 와타나베는 자기가 회사에서 잤다는 것을 알아차리기까지 꽤 시간이 걸렸다.

"와타나베 부장님, 어떻게 되신 거에요? 요즘 연수기간도 아닌데…"

"아… 지난 번 사장님이 프랜차이즈에 대해 알아보라고 지시를 내렸잖아요. 어제 조사하다 보니까 너무 늦어져서요."

"그렇습니까? 고생이 많으시겠습니다. 열심히 하십시오."

"감사합니다. 하지만 오랜만에 완전히 몰두해서 일할 수 있을 것 같아요. 이번 미팅 때는 기대 많이 해주세요."

와타나베는 어제 성과를 생각하면서 자신 있게 말하고 화장실로 서둘렀다.

그 후 미팅을 마치고 사원채용 미팅이나 다음 분기 연수계획을 조정하다 보니 점심시간도 훨씬 넘었다. 저녁시간이 되어서야 와타나베는 자기 자리에 앉을 수 있었다.

'남아 있는 건 장단점이다.'

와타나베는 우선 장점부터 생각나는 대로 컴퓨터에 입력하기 시작했다. 장점들을 그룹으로 나눠서 정리하였다.

그리고 단점에 대해서도 똑 같이 분류하여 정리하였다. 이제 겨우 정리된 화면을 보면서 와타나베는 만족스러워 하며 컴퓨터를 껐다.

'오늘은 집에 갈 수 있다.'

사무실에는 아직 직원이 몇 명 남아 있었다.

▶ 프랜차이즈화 성공을 위한 7가지 키포인트

와타나베는 책과 자기가 정리할 수 있는 부분에 대해서는 충분히 알아보았다고 만족스러워했다. 그러면서 실제로 프랜차이즈 시스템을 도입하면 반드시 성공시켜야겠다는 강한 투지를 품고 있었다.

'이제까지는 비전문가라도 알 수 있는 내용이었지만 실제로 도입해서 성공시키기 위해서는 반드시 「성공의 열쇠」가 몇 가지 있을 것이다. 이제부터는 아먀모토씨가 소개해 준다는 컨설턴트의 의견을 들어야 할 것 같다.'

와타나베는 최근 봄철 인사이동이나 신입사원 입사를 앞두고 여유시간을 확보하지 못해 프랜차이즈에 관해 조사할 충분한 시간이 없었다.

'회의까지 일주일 밖에 안 남았는데, 야마모토 부장님한테 부탁해서 오늘 중에 이야기라도 들으러 가야지.'

야마모토에게 연락해서 와타나베는 컨설턴트 사무실이 밀라노 익스프레스 근처에 있다는 것을 알고 바로 그 날 저녁 방문하기로 했다.

빌딩 8층에 찾으려던 사무실을 바로 발견했다. 정면에 걸려 있는 멋진 디자인의 간판에 'MCF컨설팅'이라는 문자가 새겨져 있었다. 입구 옆에 있는 초인종을 누르고 응답을 기다리니 바로 문이 열려 상담실로 안내받았다.

금새 나타난 사람은 장신이고 다소 마른 체형에 생각보다 젊고 성실하게 보이는 인물이었다. 상담실에 서 있었던 와타나베는 정면에서 마주보고 명함을 내밀었다. 그리고 상대방 명함을 양손으로 받아 쓰여져 있는 이름과 상대 얼굴을 천천히 보았다. 'MCF컨설팅(주) 대표 다테게이이치'

통성명 후 테이블로 가서 마주 앉았다.

와타나베는 갑자기 방문한 것을 사과하고 바로 본제로 들어갔다.

"프랜차이즈 시스템에 대해서 여러 가지로 여쭙고 싶어서 왔습니다. 특히 실제로 도입하는 데 있어서의 「성공의 열쇠」 같은 것이 있으면 가르쳐 주십시오. 실은 일주일 후에 프랜차이즈 시스템에 대한 연구보고를 간부회의에서 발표해야 됩니다. 그래서 이렇게 갑자기 부탁하러 찾아 왔습니다."

다테는 와타나베의 직설적이고 일방적인 질문에 다소 당황스러웠지만 야마모토 소개로 왔다고 하니 성실하게 응답했다.

"원하시는 건 알겠습니다. 일반적인 내용이라도 괜찮으시다면 1시간 정도로 대강 설명해 드리겠습니다."

다테는 전문가다운 어조로 자기 뒤에 있는 칠판에 요점을 적으면서 와타나베에게 설명하였다.

어제 연구한 덕분에 와타나베는 다테가 말하는 것을 잘 알아들을 수 있었다. 다테가 설명해준 프랜차이즈 시스템 도입시의 성공의 열쇠는 7가지로 요약할 수 있었다.

"이 일곱 가지가 충족되면 될수록 프랜차이즈화할 경우 성공확률이 높아집니다. 그리고 프랜차이즈화를 위한 간이진단표가 있으니까 회사로 가시면 간부들하고 같이 검토해 보세요."

마지막으로 다테는 결말을 짓고 딱 1시간으로 설명을 마쳤다.

프랜차이즈화를 위한 간이진단표

1 ■ 수익도

항 목	평 가				
	1점	2점	3점	4점	5점
안테나샵의 평균연매출액은 얼마입니까? (단위: 만엔)	~1,500	1,500~ 3,000	3,000~ 6,000	6,000~ 10,000	10,000~
안테나샵의 영업이익률은 몇%입니까?	5% 미만	5~10%	10~15%	15~20%	20% 이상
안테나샵의 투자회수기간은 몇년입니까?	7년 이상	5~7년	3~5년	1.5~3년	1.5년 이상
안테나샵의 프랜차이즈 오너의 연수입은 얼마입니까? (단위: 만엔)	~500	500~ 750	750~ 1,000	1,000~ 1,500	1500~

2 ■ 확대도

항 목	평 가				
	1점	2점	3점	4점	5점
상권의 크기는? (단위: 명)	20만~	10~20만	5~10만	2~5만	~2만
개업가능한 입지는 몇 종인가?	1종	2종	3종	4종	5종
초기투자액(점포투자비용도 포함)은 얼마입니까?	1억엔~	5,000만~ 1억엔	3,000만~ 5,000만엔	1,000만~ 3,000만엔	~1,000 만엔
점포확대가 전체에 어떤 영향을 주는가?	희소성 잃고 이미지 다운	거의 영향 없음	비용절감 효과 있음	광고, 비용절감 효과 크다	신뢰도 증가 이미지 업

3 ■ 노하우 차별화도

항 목	평 가				
	1점	2점	3점	4점	5점
브랜드 지명도는 어느 정도입니까?	전혀 없음	거의 없음	보통	꽤 알려져 있음	매우 알려짐
상품, 서비스에서 타사보다 얼마나 뛰어납니까?	상당히 떨어짐	다소 떨어짐	동등	꽤 알려져 있음	압도적 우위성 있음
운영시스템에서 타사보다 얼마나 뛰어납니까?	상당히 떨어짐	다소 떨어짐	동등	꽤 알려져 있음	압도적 우위성 있음
정보시스템에서 타사보다 얼마나 뛰어납니까?	상당히 떨어짐	다소 떨어짐	동등	꽤 알려져 있음	압도적 우위성 있음

4 ■ 노하우 습득도(비속인적 요소)

항 목	평 가				
	1점	2점	3점	4점	5점
노하우 습득에 걸리는 기간	1년 이상	6개월~ 1년	3개월~ 6개월	1개월~ 3개월	1개월 미만
노하우 습득을 위한 훈련방법 확립여부	전혀 없음	OJT에 맡김	일부 매뉴얼 있음	매뉴얼 지도자가 있음	완전 정비
노하우 유지를 위한 기계화(자동화) 수준	전혀 없음	일부 도구적인 것을 도입	훈련은 필요하나 필요한 것은 도입	단기간 훈련으로 가능	비전문가라도 바로 사용 가능
노하우 유지를 위한 집중화(집중가공 등) 수준	전혀 없음	50% 미만	50~70%	70~90%	90% 이상

5 ■ 사회적 유용도

항 목	평 가				
	1점	2점	3점	4점	5점
고객층의 범위	대단히 한정돼 있음	법인 등 아주 한정적	한 세대에 치우침 (예: 20대)	전체의 50% 정도 (예: 여성)	거의 모든 사람
상품, 서비스는 미풍양속에 맞는가?	법을 가까스로 통과	도덕적으로는 문제 있음	문제 없음	사회공헌도가 있음	사회공헌도가 큼
점포 등이 지역생활에 불쾌감을 주지 않은가?	아주 불쾌	아이들에게 문제	외관이 약간 문제	문제 없음	지역에 좋은 이미지 줌
이익이 명확한 필요(needs)에 대응하는가?	전혀 없음	특수한 니즈에만 대응	표면화된 니즈에 대응	생활에서 불가결한 니즈에 대응	독보적인 니즈에 대응

"감사합니다. 짧은 시간임에도 불구하고 잘 이해됐습니다. 이제 다음 회의에서 간부들에게 자신 있게 설명할 수 있을 것 같습니다. 실제로 도입단계에 들어가게 되면 선생님의 도움을 받으러 와야 할 것 같은데, 그 때도 잘 부탁드립니다."

와타나베는 다테의 실질적인 설명에 감명받아 프랜차이즈를 도입하게 되면 꼭 협력해 줬으면 좋겠다고 생각했다.

"가까운 시일 내에 연락드리겠습니다. 꼭 우리 회사 미야타 사장님과 한번 만나 주셨으면 고맙겠습니다."

"예, 기꺼이…. 연락 기다리겠습니다."

약 1시간의 면담이었지만 서로의 성실함과 열의를 공감하는 데에는 충분한 시간이었다.

와타나베는 돌아가는 길에 프랜차이즈화를 위한 간이 진단표를 비서한테서 받아 MCF컨설팅을 나왔다.

빌딩에서 나온 와타나베는 다테가 설명한 이야기를 상기하면서 또 다시 일을 추진할 수 있다는 안도감을 느끼고 있었다. 본사사무실에 돌아가 잊어버리기 전에 다음 회의 보고서를 작성하였다.

【프랜차이즈화 성공을 위한 7가지 키포인트】

1. 프랜차이즈 unit이 충분한 수익성을 갖고 있음
   - 투자회수가 오래 걸리지 않음
   - 프랜차이지(가맹점주)가 충분한 수입을 확보할 수 있음
2. 점포 확대가 용이하고 그 확대가 시스템 전체에 공헌함
   - 상권이 크지 않음
   - 여러 형태의 입지조건에서 개업이 가능함
   - 초기투자액수가 비교적 작음

- 점포수 확대가 시스템전체에 공헌함

3. 시스템에 차별화된 고유의 노하우가 있음
   - 브랜드, 인테리어 면에서 노하우가 있음
   - 상품, 영업력 등 마케팅면에서 노하우가 있음
   - 경영, 운영, 정보시스템에서의 노하우가 있음
4. 고유의 노하우가 속인적(屬人的)이 아님
   - 습득에서 실행까지 수년 걸리는 것은 노하우가 아님
   - 누구나 단기간에 요구되는 수준에 도달할 수 있음 (비속인성)
5. 시스템이 사회적으로 유용한 존재가 됨
   - 지역사회에 유용한 상품, 서비스를 제공
   - 미풍양속을 해치지 않는 상품, 서비스를 제공
   - 지역생활에 불쾌감을 주는 존재가 되지 않음
6. 본부와 가맹점이 하나가 될 수 있는 비전을 보유함
   - 사회에 기여하는 이익를 명확히 보유
   - 프랜차이저와 프랜차이지가 공유할 수 있는 명쾌하고 확실한 목표를 설정
7. 계약이 구체적이고 명쾌하게 표현될 수 있음
   - 본부와 가맹점의 권리와 의무를 명쾌하게 규정
   - 프랜차이즈 패키지의 독자성·신뢰성을 구체적으로 제시

'지난 번 자료와 이번 보고서로 거의 완벽하게 설명할 수 있겠어. 하지만 실제 도입하게 된다면 누가 책임자를 맡지? 적당하게 할 수 있는 일도 아니고 역시 런칭(launching) 책임자의 능력이 사업성패를 크게 좌우할 것 같군. 회사 전체적으로 모두가 적극적으로 관여하는 분위기도 필요하고…. 이런 것도 모두 확인해야지.'

보고서를 작성하고 지난 번 자료를 준비하면서 와타나베는 벌써 프랜차이즈 시스템 도입 이후를 걱정하는 자신을 보고 멋쩍은 느낌이 들었다. 와타나베는 회사의 새로운 미래가 활짝 열린 기분이 들어 가슴이 두근거렸다.

이념체계 재구축 회의가 끝난 후 참가자들 사이에서 프랜차이즈 시스템을 도입한다는 것은 거의 확정된 것이나 마찬가지이었다. 그리고 모두가 왠지 안절부절못하는 분위기도 감지되었다. 그러나 와타나베는 간부들 모두가 분위기에 휩쓸리지 않고 '도입의 위험요소(risk)와 수익(return)'을 확실히 판단하고 선입관 없이 냉정하게 도입 여부를 결정하기를 바랬다.

▶ 프랜차이즈화의 장단점

드디어 3월 15일 회의실. 평소처럼 시작 10분 전에 모두가 자리에 앉아 있었다. 밀라노 익스프레스에서는 회의는 항상 10분전 집합이라는 습관이 들어 있었다. 명문화된 것은 아니지만 조직풍토로서 정착되었다. 원래 미야타가 상사근무시절부터 실천하던 습관이 어느덧 정착되었던 것이다. 그리고 이 같이 엄격히 규율을 지키는 풍토가 회사발전을 지탱하는 한 요인이 됐다는 것도 사실이다.

"오늘은 우리 회사의 프랜차이즈 시스템 도입에 대해 검토하겠습니다. 회의 진행은 사전에 부탁했던 와타나베 부장입니다."

미야타의 지명을 받은 와타나베는 바로 준비했던 보고서를 모두에게 배포했다.

"우선 지금 나눠 드린 보고서를 읽어 주십시오. 프랜차이즈 시스템에 대해서는 적혀 있는 그대로입니다. 그리고 프랜차이즈 패키지가 보유해야 할 성공의 열쇠는 7가지가 있습니다. 실제로 도입하는 데 있어서는 밀라노 익스프레스가 '프랜차이즈화 할 수 있는가', '프랜차이즈화에 어느 정도 적합한가', '나아가 프랜차이즈화를 향해 어떤 준비가 필요한 가'라는 점이 검토과제가 됩니다."

와타나베는 우선 프랜차이즈 시스템에 대해 요점을 설명했다. 프랜차이즈의 정의로부터 시작하여 미국과 일본에서의 역사, 현재 일본의 시장규모나 동향, 본부기업의 주식공개까지의 속도 등을 설명하였다.

마지막으로 시스템 도입의 장단점을 칠판에 적어 모두가 어떻게 반응하는지를 신경쓰면서 매듭을 지었다.

【도입의 장점】

- 개업속도가 빠르고 단기간에 다점포화가 이루어진다.
- 다점포화를 실현함으로써 브랜드 인지도가 높아진다.
- 다점포화를 실현함으로써 조달비용이 줄고 가격경쟁력이 증가한다.
- 개업에 관한 자금, 인재 확보가 비교적 용이하다.(본부가 일일이 관여하지 않아도 된다.)
- 사내 인재가 활약할 수 있는 자리가 늘고 전반적인 경쟁력이 증가한다.
- 경영의 투명성이 높아져 기업의 위상이 향상된다.
- 변동비(變動費)형의 기업운영을 할 수 있게 되어 경영의 안전도가 높아진다.

【도입의 단점】

- 자본관계가 없는 사람들이 경영에 영향을 끼칠 가능성이 높아진다.
- 초기에 가맹자의 모집과 관련된 많은 비용이 발생한다.
- 브랜드가 갖는 통일 이미지를 혼란, 저하시킬 가능성이 높아진다.

"질문해도 되겠습니까?"

평소처럼 히가시다가 제일 먼저 말문을 열었다.

"프랜차이즈 시스템에 대해서는 잘 알았습니다. 하지만 왜 요즘 많은 기업들이 이 프랜차이즈를 채용하는 것입니까? 그리고 왜 그렇게 단기간에 주식공개기업이 생겨나는 것일까요?"

영업부장의 경험을 가진 히가시다는 성공하는 점포를 만드는 데는 직영점이 가장 좋다는 생각을 갖고 있었다.

"우선 첫 번째 질문에 대해서 답하겠습니다. 요즘 경제불황 속에 많은 기업들이 고정비용형 경영에서 변동비용형 경영으로 적극적으로 전환하고 있다는 점이 큰 요인이 되고 있습니다. 직영점으로 점포를 확대하려면 막대한 자금과 인력이 필요합니다. 그러나 프랜차이즈 시스템에서는 인재도, 개업에 관한 비용도 가맹점이 부담해야 합니다. 기업에 있어서는 고정비 증대라는 리스크를 피할 수 있습니다. 따라서 특히 불황기에 이 시스템을 채택하는 기업이 증가하는 경향이 있습니다. 한편 기업의 구조조정 등으로 독립을 원하는 사람이 증가했다는 것, 많은 중소기업들이 살아남기 위해 다각화를 도모하려는 것도 큰 요인이 되어 가맹희망자들이 늘고 있는 실정입니다."

"두 번째 질문에 대해서는…, 프랜차이즈 시스템의 특징은 성장속도가 아주 빠르다는 것입니다. 따라서 당연히 단기간에 주식공개가 가능하게 되는 것입니다. 나아가 프랜차이즈는 일반적으로 타사와 차별화된 업종을 갖고 있어서 성장력도 있고 주식공개시도 투자자들이 비교적 좋은 평가를 내리는 경향이 있습니다."

"직영점을 늘리면 고정비가 많아진다는 이유만으로 경영상에 리스크가 커진다고 할 수 있는 건가요? 직영점이 많아지면 많아질수록 현금수입도 늘고 자금적인 면에서 더 편해지는 게 아닙니까?"

히가시다는 직영점을 증가시키는 것이 밀라노 익스프레스 발전의 핵심이라고 믿어 의심치 않았다.

"직영점은 초기투자가 아주 크기 때문에 아무래도 대출에 의존하는 경영체질로 갈 수밖에 없습니다. 그래서 직영점이 많아져도 자금운용면에서 꼭 편해진다고는 할 수 없습니다. 이제까지는 순조롭게 매상도 증가해서 좋았지만 매상계획이 크게 줄고 잘못되면 초기투자도 회수하지 못하고 사람도 계속해서 고용할 수 없게 됩니다."

히가시다의 말을 듣고 재무에 밝은 다카야마 전무가 와타나베 대신에 답해 줬다.

"그럼 직영점을 증가시키는 것보다 프랜차이즈 가맹점을 증가시키는 게 경영면의 부담을 떨어뜨릴 수 있다는 이야기입니까?"

히가시다는 계속해서 반론했다.

"단순히 자금면에서만 보면 프랜차이즈 가맹점을 모집하는 것이 리스크가 적다고 봅니다. 단지 가맹점을 모집하고 교육하고 개점, 즉 런칭(launching)을 지원하다 보면 초기에 직영점을 개업하는 것보다 많은 비용이 들 수도 있습니다. 따라서 단기적으로는 프랜차이즈 가맹점을 모집하는 것이 리스크가 적다고 할 수는 없지만 일정규모를 넘으면 아주 작은 투자로 점포를 늘릴 수도 있다는 것입니다."

와타나베는 프랜차이즈의 장단점을 비교하면서 설득하였다.

"자금면에서는 그렇겠지만 밀라노 익스프레스의 독창성을 유지한다는 점에서는 어떻습니까? 가맹점이 증가하면 문제도 많아지지 않을까요?"

기획부장으로서 회사의 고유한 장점 유지가 무엇보다도 중요하다고 여기는 가와모토가 의문점을 제기하였다.

"물론 직영점에 비하면 상품이나 서비스의 질을 유지하기가 힘들어질 수도 있습니다. 그러나 이 같은 문제를 해결하기 위해서 지속적으로 교육연수를 실시하거나 슈퍼바이저가 철저하게 지도해야 합니다. 엄밀히 말하면 직영점이라도 가맹점에서와 같은 상황이 일어날 수도 있습니다. 실제로 직영점보다도 가맹점이 훨씬 수준 높은 서비스를 제공하는 프랜차이즈도 있답니다."

와타나베는 프랜차이즈에 대한 학습성과를 공개했다. 그러나 참가자 모두가 프랜차이즈 시스템을 도입하자는 적극적인 분위기가 조성되지는 않았다.

▶ 우리에게 프랜차이즈가 최선의 방법인가?

"지난 번 이념체계를 검토하는 중에 밀라노 익스프레스는 일본최고의 프랜차이즈를 목표로 한다고 합의했다고 보는데 어떻습니까?"

참가자가 프랜차이즈 시스템 도입에 대해 좀 더 적극적인 자세를 갖고 있으리라고 생각했던 와타나베는 지난번 프랜차이즈를 적극적으로 추진하자며 고조되었던 분위기를 되살리려고 했다.

"프랜차이즈 시스템에 대해서는 여러분도 이제 대충 이해되었다고 생각합니다. 이제는 우리 회사에 도입할 것인지에 대한 논의를 해 줬으면 좋겠어요."

미야타가 말하자 와타나베는 참가자 모두에게 시스템 도입 여부를 검토하자고 재촉했다.

"이 부분에 도입의 장단점을 정리했습니다. 이것을 참고로 하여 일본 전국으로 밀라노 익스프레스가 진출한다는 전제하에서 검토하기를 바랍니다."

"출범 초기에 체제를 만들고 가맹점을 모집하려면 비용이 꽤 들 텐데 우리가 잘 극복할 수 있을까요?"

히가시다가 제일 먼저 질문하자 미야타는 전혀 걱정할

것이 없다고 대답했다.

"다행히 이번 분기도 1억엔 이상의 경상이익을 남길 수 있을 겁니다. 다음 단계로 발전하기 위해 일시적으로 비용이 드는 것은 선행투자로서 필요한 것이라고 봅니다. 다음 분기도 이번 분기 이상의 숫자를 기대할 수 있습니다. 따라서 새로운 투자를 하기에 적합하다고 생각합니다."

"프랜차이즈 전개로 인해 이미지가 손상될 가능성은 없습니까?"

"본부가 지도를 게을리 하면 안 되지만 타사의 사례를 봤을 때 본부가 철저한 지도하고 관리한다면 그다지 큰 문제가 될 것은 없습니다."

"가맹한 사람이 노하우만 빼앗아 탈퇴 후에 라이벌이 된다거나 하는 일은 없습니까?"

"계약상 여러 가지 규제가 있으니 그렇게 큰 문제는 일어나지 않을 겁니다. 만약 그런 일이 일어나더라도 우리가 가짜한테 이기지 못할 정도로 약하지는 않거든요."

"단기간에 일본 최고의 체인이라는 목표를 달성하기 위해서는 프랜차이즈 시스템이 갖고 있는 스피드는 아주 매력적인 요소리고 생각합니다. 그러나 프랜차이즈의 특성상 자본관계가 없는 사람들이 경영상 의사결정에 영향력을 가질 수도 있다는 리스크에 대해 사장님은 어떻게 생각하십니까?"

논의가 끝나갈 무렵 다카야마 전무가 우리가 만들고 키워 온 회사를 다른 사람들이 참견할 수도 있다는 우려를 미야타에게 말했다.

"전무님이 말하는 것도 이해가 갑니다. 하지만 우리 회사는 나를 비롯하여 여러분들의 사적인 소유물이 아닙니다. 앞으로는 주식공개도 염두에 두고 경영해야 합니다. 가맹점이 요구하는 내용에 대응할 수 있는 경영능력을 갖추도록 노력하는 것은 우리에게는 오히려 플러스적 요소가 될 겁니다."

미야타는 밀라노 익스프레스를 자신의 소유물이라고 생각하지 않았다. 오늘에 이르기까지 '우리'가 노력하여 이루어냈다는 자부심과 애착은 강했지만 '기업은 공적인 것이어야 한다'고 생각했다. 미야타는 상사에 근무하던 시절부터 많은 기업과 접하여 기업이란 사적인 소유물이 아니라는 것을 절실히 느끼는 경험을 쌓았다.

이렇게 해서 다카야카 전무와 히가시다 영업부장은 신중파, 미야타와 와타나베 인사교육부장은 적극파, 가와모토 기획부장 등은 중간파라는 분위기로 논의는 진행되었다. 신중파의 두 사람은 많은 불안감이나 의문점들을 제기했지만 미야타가 거기에 대해 명확하게 답한 결과 현 시점에서는 프랜차이즈화의 단점은 밀라노 익스프레스에 있어서는 거의 없다는 쪽으로 기울고 있었다.

이제 나올 만한 의견은 다 나왔다고 판단한 와타나베는 모두의 의향을 확인하듯이 주위를 둘러보면서 말했다.

"우리가 직영으로부터 프랜차이즈로 변환해 간다는 점에 있어 모두 찬성한다는 것이죠?"

다카야마도 히가시다도 밀라노 익스프레스를 작은 규모의 기업으로 만들고 싶은 것은 아니었다. 단지 프랜차이즈화가 최선의 길인지 아닌지 자신감을 갖지 못했을 뿐이다. 그러나 논의를 하면서 프랜차이즈화에 의한 단점은 거의 없을 것이라는 생각은 갖게 되었다.

또 체인을 전개하는 이상 그에 맞는 큰 규모를 목표로 삼고 사회에서 인정받는 기업을 만들고 싶었다. 그 마음은 미야타와 똑 같았다. 아니 미야타보다 더 강했다.

밀라노 익스프레스가 더욱 발전하기 위해서 프랜차이즈 시스템 채택이 최선의 선택이라고 한다면 모두가 합의하는 것은 그렇게 시간이 걸리는 문제가 아니었다.

모두가 크게 고개를 끄덕이고 서로의 얼굴을 보면서 마지막으로 미야타에게 시선을 집중시켰다. 모두의 시선을 의식한 미야타는 긴장한 표정으로 시선을 돌리면서 천천히 말하기 시작했다.

"여러분 모두 찬성이죠? 그럼 곧 프랜차이즈 전개를 향해 행동합시다."

▶ 프랜차이즈 전개의 절차와 유의점

"와타나베 부장, 출범하는 데 있어서의 밟아야 할 절차와 유의점 등을 설명해 주세요."

와타나베는 미야타의 지시에 따라 칠판에 미리 조사한 절차를 적으면서 설명하였다.

【프랜차이즈 전개의 절차】

① 책임자, 전임담당자의 선출

책임자는 CEO와 늘 커뮤니케이션 할 수 있고 회사내 각 부문을 조정할 수 있는 수준의 사람을 임명한다. 아니면 CEO 스스로가 책임자가 될 수도 있다.

② 사업 패키지의 명확화

밀라노 익스프레스란 어떤 업종이며 어떤 특징이 있는지를 명확하게 표현할 수 있어야 한다.

③ 사업 패키지의 단장

프랜차이즈 시스템에 알맞도록 밀라노 익스프레스 사업 자체를 단장(brush up)한다.

④ 프랜차이즈 본부기능 구축

밀리노 익스프레스 체인본부로서 필요한 기능을 구축한다. 본부기능에는 지도, 교육, 마케팅, 물류, 금융 등이 있다.

⑤ 가맹점 개발기능을 구축

가맹희망자를 대상으로 설명회 준비, 계획서작성, 그리고 가맹희망자의 발굴이나 계획까지 지원할 수 있는 체제를 만든다.

⑥ 본부 조식 조성

각종 기능을 잘 이용하려면 효율적으로 인재를 조직화시켜야 한다.

⑦ 개발 출발

조직화 후 실제로 가맹점을 출발시키면 본격적인 시작이라고 할 수 있다.

【성공을 위한 유의점】

① 프랜차이즈화 성공을 위한 7가지 열쇠를 보다 높은 수준에서 실현할 것

② 자금 및 인재면을 중심으로 회사전체가 지원체제를 구축할 것

③ 스피드를 가장 중요시할 것

④ 모든 것을 손님 우선주의로 판단할 것

⑤ 변동형경영을 기본으로, 가능한 아웃소싱할 것.

"이상이 전개의 절차와 성공을 위한 유의점입니다. 되풀이 말한 부분도 있는데 쉽게 이해가 되시겠습니까?"

와타나베가 설명을 마쳤다.

모두가 고개를 끄덕이면서 프랜차이즈 전개 절차 ①에 있는 책임자의 선정에 관심을 갖고 있었다.

▶ 프랜차이즈도입의 책임자에게 필요한 적성

밀라노 익스프레스의 인사문제는 여태 미야타와 다카야마 전무가 상담하면서 결정해 왔는데 이번에는 서로간

에 대화가 없었다.

회의참석자 모두가 자기가 하고 싶기도 하고 안하고 싶기도 하는 복잡한 마음을 갖고 있었다. 평소라면 제일 먼저 발언하는 히가시다도 이번 일만큼은 조용했다. 정말 묘한 분위기가 회의실 전체를 뒤덮고 있었다.

"잠깐 휴식시간을 갖는게 좋겠네요. 괜찮겠지요, 와타나베 부장?"

미야타도 회의실 분위기를 견디지 못해 쉬었다가 하자고 제안했다.

"예. 그럼 15분간 쉬도록 하겠습니다."

와타나베도 긴장이 풀린 듯이 휴식시간을 선언했다.

회의가 시작한 지 4시간이나 지남 참이었다. 밀라노 익스프레스의 회의는 보통 시간을 잘 엄수한다. 그런데 이번 일련의 회의는 주제가 주제이니 만큼 시간 안에 마치기가 대단히 어려웠다. 미야타는 아무리 시간이 걸리더라도 간부 모두를 납득시켜 일을 추진하고 싶었다. 이것이 바로 프랜차이즈화의 성공을 위한 중요한 전제조건이라고 생각했기 때문이다.

휴식시간에 커피를 마시면서 각자가 책임자로서 최적의 인물이 누구일지를 생각하고 있었다.

미야타도 확실히 결정내린 것은 아니었지만 시키고 싶은 사람은 있었다. 단지 본인이 원하는지에 대한 문제, 그리고 후임 문제도 있었다.

미야타 이외의 간부들은 지금까지 해왔던 일이나 경험에서 봤을 때는 와타나베가 책임자가 되는 것이 가장 자연스럽다고 생각했다.

와타나베 자신도 역시 자기가 제일 적합하다고 생각했다. 그러나 지금 맡고 있는 일도 재미있고 아직까지 하고 싶은 일도 많이 남아 있었고 후임을 키우지도 못하고 있었다.

"그럼 재개하겠습니다."

모두가 제자리에 앉자 와타나베가 말했다.

"그럼 아까 설명한 절차를 바탕으로 오늘 정해야 하는 것들을 순서대로 검토하도록 하겠습니다. 먼저 책임자 선정입니다만, 이것은 사장님에게 진행을 부탁하겠습니다."

와타나베는 인사에 관련된 일이라서 사장인 미야타에게 맡겼다. 미야타는 와타나베의 말을 듣고 말하기 시작했다.

"인사에 대해서는 지금까지 전무님과 내가 미리 상의

해서 결정해 왔는데 이번에는 전혀 백지상태입니다. 프랜차이즈화는 우리 회사의 명운을 건 중대한 사업입니다. 가능하면 정말 하고 싶은 사람이 손을 들어 여기 있는 간부들의 동의를 얻어서 하는 게 최선의 방법이라고 생각합니다. 지금 여러분 중에서 희망자가 나와 바로 이 자리에서 결정할 수 있으면 좋겠는데…"

모두가 아까보다 더 무거운 마음으로 미야타의 말을 듣고 있었다. 자기가 해 보고 싶다는 마음과 큰 책임을 진다는 불안감이 교차해서 좀처럼 결론을 내리지 못하고 겉돌기만 했다.

"책임자…… 책임자라 해도 사장님을 비롯해 회사 전체가 후원해 주실 거죠."

갑자기 히가시다가 더듬거리면서 모두를 놀래킬 정도로 큰 목소리로 말했다.

"그렇죠. 회사전체에 관련된 대사업이니까 전회사적인 협력체제가 있어야 성공할 수 있죠. 모두가 최대한 노력한다는 것은 당연한 일이에요."

미야타는 불안을 불식시키듯이 힘있고 태연한 태도로 대답하였다.

"그럼 제가 하겠습니다. 여러분처럼 이론적인 뒷받침

이나 스태프로서의 경험은 없지만 밀라노 익스프레스에 대한 정열만은 누구보다도 뜨겁습니다. 오늘 설명을 듣고 프랜차이즈라도 할 수 있을 것 같다는 생각이 들었습니다. 어차피 할 바에야 꼭 제가 하고 싶습니다. 직영 10개 점포는 이제 제가 없어도 충분히 운영할 수 있는 체제가 되어 있습니다. 새로운 일에 도전할 수 있는 것은 지금 젊은 이때밖에 없다고 생각합니다. 사장님, 저에게 맡겨 주십시오."

미야타 이외의 간부들은 설마 히가시다가 하겠다고는 생각하지도 않았었다. 원래 직영점 제일주의이고 프랜차이즈화에는 그렇게 적극적이지 않았던 히가시다가 적임이라고는 아무도 생각하지 않았기 때문이다.

"히가시다 부장, 정말 하고 싶은 거 맞아요? 밀라노 익스프레스는 직영이 아니면 성공 못한다고 했잖아요."

설마 손을 들 거라고 생각하지 않았던 히가시다에게 프랜차이즈에 대해서는 가장 잘 알고 경험도 있다고 자부하던 와타나베가 불안한 표정을 지면서 말하였다.

"프랜차이즈에 대한 지식이나 경험은 불충분하지만 지금부터 공부하겠습니다. 그러나 밀라노 익스프레스에 대한 정열은 누구보다도 뜨겁습니다. 이것만으로는 안 되겠습니까?"

히가시다가 진지하게 호소하자 모두가 침묵했다.

"히가시다 부장이 빠진 영업부는 괜찮습니까? "

"고바야시가 있습니다."

히가시다는 바로 대답했다. 미야타는 히가시다가 자기의 후임을 생각하여 부하를 키우고 있었다는 것이 아주 기쁘고 뿌듯했다.

미야타는 속으로 이번 일의 책임자는 히가시다가 적임자가 아닌가 하고 생각했었다. 물론 직영부문 책임자도 중요한 역할이고 히가시다가 빠지면 실적이 떨어질까봐 불안한 것도 사실이다. 그러나 직영이 아니면 성공 못한다고 생각했던 히가시다가 프랜차이즈화의 책임자가 된다면 회사전체가 프랜차이즈화를 향한 체제로 정비되었다는 것을 의미한다.

"히가시다 이외에 하고 싶은 사람은 없습니까?"

"누가 맡아도 힘이 드는 일이겠지만 재미있는 일이라고 생각합니다. 어떻습니까?"

미야타가 권하자 와타나베도 마음이 움직였다.

'내가 가장 프랜차이즈에 대해 이해를 하고 있고 본부에서 일한 경험도 있다. 그러나 히가시다가 자신있게 말

했던 밀라노 익스프레스에 대한 정열과 이해도는 내가 이길 수 없을 것 같군….'

프랜차이즈화 성공을 위해서는 자신들이 전개하는 업종에 대한 이해나 정열이 가장 중요하다는 것을 인식했던 와타나베는 자기가 아직 그 점에 있어 불충분하다고 느끼고 있었다. 그리고 '사장 다음으로는 히가시다 부장이 밀라노 익스프레스에 대해 잘 이해하는 게 아닌가'라고 생각하여 손을 들으려고 하다가 멈추었다.

결국 히가시다 이외의 간부들은 아무도 안 나왔다.

미야타는 다른 사람들이 손을 안 들어 다소 섭섭한 느낌도 들었다. 그러나 결과적으로 자기 생각대로 되었으니 만족하고 있었다.

"히가시다 부장, 당장 책임자로서 준비를 시작해 주세요. 후임으로 추천한 고바야시에게는 내가 내일 이야기를 할 테니 한 달 동안에 인수인계를 다 마치고 새로운 업무에 집중해 주세요. 단, 히가시다 부장 혼자서 모든 것을 다 할 수는 없으니까, 업무스케줄을 작성하여 간부들 모두가 각 전문분야를 담당하여 진행하도록 합시다. 히가시다 부장은 우선 와타나베 부장과 잘 의논하여 일을 어떻게 진행시킬지 2주안에 제안해 주세요.

▶ 프랜차이즈 도입을 향한 출발

히가시다는 인수인계하는 틈틈이 와타나베에게 프랜차이즈화를 위한 절차, 단계에 대해 배우고 2주 후에 제안할 수 있도록 사업추진계획을 만들었다.

회사 안에만 있으면 프랜차이즈 시스템의 전문적인 지식과 정보를 얻을 수 없다는 와타나베의 조언에 따라 컨설턴트인 다테를 정기적으로 만나 지도를 받으면서 일을 추진하겠다는 것도 같이 제안하기로 했다.

다테의 협력도 있어 예정대로 2주 후에 계획서를 완성한 히가시다는 간부회의에서 모두에게 설명하고 대강 양해를 구했다.

가맹점 모집은 내년 3월 프랜차이즈박람회부터 출발한다고 결정했다. 실질적으로 1년도 안되는 시간밖에 없었다. 미야타를 비롯하여 모두가 진지하게 히가시다의 설명을 듣고 있었다.

"마침내 출범입니다. 오늘은 우리 회사의 새로운 역사가 시작하는 기념일입니다. 모두가 성공을 향해 최선을 다합시다. 꼭 일본 전국에 밀라노 익스프레스를 달리게 합시다."

프랜차이즈화 업무스케줄표

Step1 프랜차이즈 패키지의 확립	기간(4월 ~ 다음해 3월)											
업무내용	4	5	6	7	8	9	10	11	12	1	2	3
기존점포 데이터 분석, 표준화를 위한 기초작업												
매상, 고객수를 기준으로 한 손익분기 분석, 표준화	→											
매상을 기준으로 한 운영체제의 표준설정	→	→										
테스트 전개, 도입		→	→	→	→	→	→	→	→	→		
본부이념체계의 구축												
기존의 이념체계 확인과 재검토	→											
본부로서 표현정리(외부에 홍보할 수 있는 내용)	→	→										
타깃(Target)과 제공상품의 표준화												
메뉴확인과 재검토	→	→										
앞으로 부가하는 상품(서비스)의 내용 검토				→	→	→	→	→	→	→	→	→
표준메뉴의 작성 및 도입		→	→	→	→	→	→	→	→	→	→	→
판매촉진 노하우의 표준화												
판매촉진기법의 실적파악		→	→	→	→	→	→					
판매촉진기법의 정리와 개발			→	→	→	→						
목적별 판매촉진기법의 명확화				→	→	→						
판매촉진관련 툴의 정비와 개발						→	→	→	→	→	→	→
업종 노하우의 명확화와 단장												
성행을 지탱하는 노하우의 명확화				→	→							
노하우 표준화와 단장(brush up)					→	→	→	→	→	→	→	→
노하우 표현 정리(외부에 홍보할 수 있는 내용)	→	→				→						
영업표지 등의 비주얼 정체성 구축												
현재 사용하는 비주얼 관련 규정의 확인			→	→								
비주얼의 기본규정을 검토 및 설정				→								
비주얼의 구체적 사용규정을 검토 및 설정					→	→						
전체적으로 체계화된 매뉴얼화						→	→					
점포설계 및 각종 인테리어 설정 및 표준화												
각종 인테리어 기종설정과 조달 경로 설정	→	→										
점포 레이아웃과 간판의 표준화 검토	→	→										
설계, 시공 매뉴얼 작성		→	→	→								
입지선정기준의 작성												
직영점포의 입지평가항목과 매상분석							→	→				
입지평가항목을 설정하고 평가기준 작성								→	→	→		
평가기분과 매상예측시스템 구축										→	→	→
평가항목조사방법 결정											→	→
경영 시뮬레이션 작성												
표준투자액 설정		→										
표준운영비용 설정		→	→	→	→							
손익 시뮬레이션 작성		→	→	→	→	→						
표준투자횟수계획 작성		→	→	→	→	→						
표준자금조달표 작성							→					

Step2 본부체제의 확립	기간(4월 ~ 다음해 3월)											
업무내용	4	5	6	7	8	9	10	11	12	1	2	3
본부사업계획의 작성												
사업목표의 검토 및 설정				→	→	⇢	⇢	⇢				
중기경영계획의 책정									→	→		
본부의 기능과 조직의 검토												
필요한 기능 열거와 정리					→	→						
기능에 대응한 조직의 검토, 정리						→						
물류체제의 정비												
원재료공급시스템의 재구축, 도입을 위한 조정						→	⇢	⇢	⇢	⇢	⇢	⇢
자재공급시스템의 재구축, 도입을 위한 조정						→	⇢	⇢	⇢	⇢	⇢	⇢
발주 시스템 재구축, 도입을 위한 조정							→	⇢	⇢	⇢	⇢	⇢
정보시스템의 구축												
개념설계의 검토						→						
시스템 개발							→	→	→	→		
테스트 도입											→	→
도입											5월~	
오픈 지원 시스템을 구축												
점포개업업무의 현황파악						→						
점포개업업무의 흐름도 작성							→					
점포개발업무의 표준화와 담당자 설정								→				
오프닝 시스템 작성									→			
교육훈련기능을 정비												
개업 전 연수 커리큘럼 작성									→			
교육 대상자의 검토와 실시요령의 작성										→	⇢	⇢
테스트 실시											⇢	⇢
슈퍼바이저 업무의 규정												
슈퍼바이저 부분 조직관련 규정 검토							→					
점포지도규정(방법, 회수 등) 검토							→					
업무표준규정 검토								→	→	⇢	⇢	
- 대 점포												
점포운영지원업무(경영면까지 포함)												
본부이념, 방침의 철저화에 관한 업무												
경영관리 데이터 수집과 작성지원												
계약의 엄수 등 체크 업무												
불만처리지원업무												
- 대 본부												
업무 연락·보고의 방법, 회수 등의 규정												
고객관련정보 수집, 보고의 규정												
경합점 정보수집업무의 규정												
대상자 자격의 검토 및 규정												
본부와 가맹점의 업무분담 정리												
슈퍼바이저 매뉴얼 작성									→	→	→	

Step3 개발관련 툴 및 & 매뉴얼 작성	기간(4월 ~ 다음해 3월)											
업무내용	4	5	6	7	8	9	10	11	12	1	2	3
프랜차이지 운영상 의무와 기능 정의												
보고관련업무의 내용과 방법 규정					→	→						
비용관련 대 본부시스템 운영방법 규정					→	→						
기타 운영에 관한 의무와 기능정의 규정					→	→						
계약서, 정보공개서 작성												
가맹금, 보증금, 로열티 등 비용관련기준 설정					→	→						
계약서의 시안							→					
계약서의 각 항목 검토, 확인							→					
계약서 작성							→					
정보공개서 작성							→					
각종 매뉴얼 작성												
- 본부용												
슈퍼바이저 매뉴얼											◎	
부진점포 대응 매뉴얼											◎	
본부사무처리 매뉴얼											◎	
정보시스템 관리매뉴얼												5월
- 가맹점용												
점장업무 매뉴얼										◎		
인사·근무 매뉴얼											◎	
마케팅 매뉴얼											◎	
점포 크루(아르바이트) 매뉴얼(주방, 홀)										◎		
사무처리 매뉴얼										◎		
가맹점 개발용 툴(tool) 작성												
각종 툴 기재내용 검토								→	→			
각종 툴 작성 (회사안내, 팸플릿, 비디오, 인사문서 등)									→	→	→	
가맹점 개발방법 검토와 계획입안												
지역별 개발계획 검토, 입안								→	→	→		
개발방법 검토, 결정									→	→		
설명회 개최요령의 검토										→		
개발 매뉴얼의 작성											→	
활동계획을 작성											→	
가맹점 출발												

미야타가 매듭짓고 이제 프랜차이즈화를 향한 공식 출발을 알렸다.

회의를 마치고 오랜만에 본사 근처에 있는 치세이에 모인 간부들은 프랜차이즈화가 결정된 것에 대한 설레임과 기쁨, 그리고 일말의 불안감에 흥분하여 평소보다 빠르게 먹고 마셨다.

가게 문이 닫히는 시간이 되어 마지막 손님이 된 간부들은 거나한 기분으로 가게를 나왔다. 본사 앞에 있는 50미터에 걸친 벚꽃 가로수 길 중에 딱 2개만 있는 왕벚나무는 벌써 꽃이 만발하여 밤하늘에 빛나고 있었다. 마치 밀라노 익스프레스의 새 출발을 축하해주는 듯했다.

"벌써 봄이 다 됐구나. 오랜만에 이렇게 예쁜 벚꽃을 보는 것 같다. 프랜차이즈화가 시작해서 그런가?"

미야타는 벚꽃 가로수 길을 걸으면서 중얼거렸다.

옆에서 히가시다가 고개를 끄덕이면서

"내년부터는 지금보다 더 예쁜 벚꽃을 볼 수 있을 겁니다."

라고 자신에게 타이르듯이 발걸음을 재촉했다.

■ 프랜차이즈 도입의 장단점

프랜차이즈 시스템을 도입하면 사업의 급속한 확대와 기업 체질의 혁신을 꾀할 수 있다. 단 어떤 기업, 어떤 업종이나 적합하다는 것은 아니다.

시스템이 갖는 장단점을 잘 이해하고 자사에게 도입이 적합한가를, 또한 어떻게 변형하면 적합해지는지를 객관적으로 판단해야 된다.

1. 장점

① 전개스피드가 빠름. 단기간에 사업 확대 가능

② 다점포화를 실현하여 브랜드 인지도 상승

③ 사업규모 확대로 비용이 절감되고 가격경쟁력 증대

④ 개업(사업 소전개)에 관련된 자금, 인재의 조달이 용이

⑤ 인재 활약의 기회가 증가하여 조직이 활성화

⑥ 업종 표준화가 고도화하여 경쟁력이 강화

⑦ 경영의 투명성이 증가되어 기업체질이 건전화

⑧ 변동비형 위주의 기업경영으로 환경변화에 적응이 빨라

지고 경영의 안정도가 증대

2. 단점

① 자본관계가 없는 다수의 사람들이 경영에 영향을 미침

② 본부체제의 정비와 가맹자 획득에 관하여 우선적으로 비용이 발생

③ 브랜드가 갖는 통일된 이미지가 저하되는 가능성

■ 프랜차이즈 패키지가 내포하는 성공의 열쇠 7개

프랜차이즈 시스템 도입을 성공시키는 포인트는 자사 사업이 본질적으로 적합한가에 대한 판단과 프랜차이즈 패키지를 어느 수준까지 단장할 수 있는가에 달려 있다. 다음 7가지 포인트에 유의하길 바란다.

1. 프랜차이즈 점포가 충분한 수익성을 갖고 있다.

- 투자회수기간이 오래 걸리지 않아야 한다.
- 가맹점주가 충분한 수익을 확보할 수 있다.

2. 가맹점 확대가 용이하고 그 확대가 프랜차이즈 시스템 전체에 공헌한다.

- 비교적 상권이 작은 업종이어야 힌다.
- 다양한 입지조건에서 전개할 수 있어야 한다.

- 초기투자액이 비교적 작은 업종이어야 한다.
- 점포 수 확대가 시스템 전체에 공헌하여야 한다.

3. 시스템자체가 차별화된 고유의 노하우를 갖고 있다.

- 브랜드, 상호 등의 영업표지 면에서 노하우가 존재하여야 한다.
- 상품력, 영업력 등 마케팅 면에서 노하우가 있어야 한다.
- 입지개발, 자금조달 면에서 노하우가 있어야 한다.

4. 특유한 노하우가 속인적이지 않다.

- 실천할 수 있게 될 때까지 시간이 많이 소요되는 것은 진정한 노하우가 아니다.
- 누구라도 요구되는 수준까지 단기간에 도달할 수 있는 방법이 있어야 한다.

5. 시스템이 사회적으로 유용한 존재이다.

- 지역사회에 유용한 상품, 서비스를 제공해야 한다.
- 미풍양속에 어긋나지 않는 상품, 서비스를 제공해야 한다.
- 지역에 불쾌감을 주는 존재가 되어서는 안된다.

6. 프랜차이저와 프랜차이지가 하나가 될 수 있는 비전을 보유하고 있다.

- 사회에 기여하는 이익을 확실히 갖고 있어야 한다.
- 프랜차이저와 프랜차이지가 공유할 수 있는 명쾌하고

정량적인 목표설정이 가능해야 한다.

7. **계약서가 구체적이고 명쾌하게 표현하고 있다.**
   - 프랜차이저와 프랜차이지의 권리와 의무가 명쾌하게 규정되어 있어야 한다.
   - 프랜차이즈 패키지의 독자성과 신뢰성이 구체적으로 명시되어 있어야 한다.

■ 시스템 도입의 절차

프랜차이즈 패키지가 보다 높은 수준에서 7가지 성공의 열쇠를 획득하여 본부로서 성공하려면 다음 절차에 따라 본부체제를 정비해 나가면 좋을 것이다.

1. **책임자, 전임담당자의 선출**

   책임자는 본부와 언제나 직접 커뮤니케이션 할 수 있어야 하고, 회사 내 각부문과도 바로 조정할 수 있는 능력을 가진 인재를 선출한다. 오래된 습관이나 기존개념에 얽매이지 않는 자유롭고 긍정적인 사고방식과 행동을 할 수 있는 사람이 적합하다. 무엇보다도 사업에 대한 애착을 갖고 있는 사람이어야 한다.

2. **업종 컨셉을 명확히 한다.**

   프랜차이즈화 하려고 하는 업종에 관해서 타깃과 이

익(benefit)을 명확히 하고 가능한 한 간단하게 컨셉이나 특징을 표현해야 한다.

3. **점포 표준화와 차별화를 향한 단장 작업**

수익면뿐만 아니라 무엇으로 다른 경쟁사와 차별화하는가를 단장한다.

4. **본부기능의 구축**

프랜차이즈본부가 제대로 돌아가기 위하여 보유하여야 할 다음 기능들을 구축한다.

- 가맹점개발 기능
- 교육 기능
- 슈퍼바이징 기능
- 마케팅 기능
- 물류 기능
- 금융 기능
- 정보시스템개발 기능
- 입지개발 기능
- 신업종개발 기능

■ 가맹점 획득을 위한 성공포인트

프랜차이즈 성패여부 최대 포인트는 가맹점수를 급속하게 증가시킬 수 있는지에 달려 있다.

그것을 실현하려면 사업전개 초기에 가맹점 획득을 위한 기능을 충분히 정비해 놓아야 한다. 다음은 가맹점 개발을 성공시키는 포인트가 된다.

1. 입지에 대응한 명확한 모델점이 존재하고 성행하고 있어야 한다.
2. 사업의 매력을 명쾌하고 간결하게 호소할 수 있는 툴(tool), 홍보수단이 있어야 하고 가맹희망자가 성공이미지를 구체적으로 그릴 수 있도록 하여야 한다.
3. 가맹점희망자에 대한 대응이 빠르고 계약까지의 흐름이 명확해야 한다.
4. 자금조달에 관한 지원방법도 몇 가지 준비되어 있어야 한다.
5. 타깃 선정이 명쾌하고 타깃에 대한 접근방법이 확립되어 있어야 한다.

chapter 3

수익성을 높인다

: 매력적인 프랜차이즈가 되기 위해 I

▶ 손익 시뮬레이션 작성

히가시다가 먼저 시작한 것은 표준적인 손익 시뮬레이션을 작성하는 일이었다.

우선 직영점의 과거 1년간의 실적을 파악하고 분석하는 일부터 시작하였다.

'연매출 평균 1억8천만엔, 영업이익률 14%…, 이 숫자만 보면 외식업 프랜차이지의 평균을 훨씬 웃돌고 있다. 업종간에 다소 차이가 있어서 단순 비교는 힘들지만 상당히 좋은 편인 것 같군.'

히가시다는 과거 1년간의 평균손익을 미루어 봤을 때 밀라노 익스프레스가 수익면에서는 충분히 프랜차이즈로서의 경쟁력을 갖고 있다고 판단하였다.

'그러나 이것만 갖고 판단해도 괜찮겠나?'

히가시다는 다테가 건네준 프랜차이즈화를 위한 간이 진단표를 참고로 그 기준에 맞는지 검증해 보기로 했다.

초기투자액이 많고 적음에 대해서는, 절대적인 금액과, 어느 정도의 기간에 회수할 수 있는가 하는 두 가지가 포인트가 된다.

전자에 대해 생각해보면 가맹희망자를 조기퇴직자그룹 혹은 일반인으로 하는지, 아니면 기업의 신규사업그룹으로 하는지에 따라 크게 달라진다.

일반적으로 외식업의 경우 점포 취득비용을 별도로 하여 패밀리 레스토랑과 같이 건물을 건설하는 방식은 더 많은 투자액이 소요된다.

히가시다는 영업부에 보관해 두었던 점포별 개업계획,

실적파일에서 밀라노 익스프레스의 각 점포별 투자액수를 뽑아서 정리하였다.

'왜 이렇게 많은 비용이 들었지?'

히가시다는 과거 10개 점포의 실적을 정리하여 투자액을 따져보고 새삼 놀랐다. 지금까지 투자관련에 대해서는 사장과 전무가 담당해 왔기 때문에 히가시다는 이 정도라고는 꿈에도 생각하지 못했었다.

'전무님이 자금조달에 고생했던 이유를 이제야 알 수 있을 것 같군….'

미야타는 회사의 손익상황에 대해서 사원에게 모두 공개했었다. 따라서 히가시다도 대충 상황은 안다고 생각했었지만 투자에 관한 자금조달이나 그 자금운용에 대해서는 크게 신경 쓸 필요는 없었다.

히가시다는 이번 작업을 통해 새삼 놀란 셈이다.

'이 정도 투자액이라면 조기퇴직그룹이나 일반인들이 개업하기는 좀 어려울 것 같은데…'

히가시다는 밀라노 익스프레스의 경우 개인이 손쉽게 시작할 수 있는 규모가 아니라는 판단을 내렸다.

'아무래도 기업의 신규사업그룹을 가맹희망자 타깃으로 해야겠다. 그러면 절대투자액도 문제지만 또 하나의

포인트가 되는 투자회수기간도 중요한 문제가 되겠는 걸….'

▶ **투자회수 소요기간은?**

미야타 사장은 영업부를 맡고 있던 히가시다에게 '숫자를 가지고 말하라!'고 항상 강조하고 또 그렇게 가르쳤었다. 그래서 히가시다는 숫자로 객관적으로 판단할 수 있는 습관과 능력이 몸에 베어있었다.

'투자액 평균이 약 5,000만엔, 연간 감가상각전 이익이 약3000만엔이란 것은 투자회수기간은 1.7년 정도. 금리 같은 것을 고려해도 2년 안에 회수할 수 있다는 거구나. 이 숫자는 오래 걸리는 건지 아닌지….'

히가시다는 다시 프랜차이즈화를 위한 간이진단표로 확인해 봤다.

'평균보다는 다소 좋은 숫자다.'

단, 지금까지 직영점들은 대형이고 매상도 그런대로 좋은 편이었다. 좀 더 매상이 적어지면 2년보다 더 오래 걸릴 수도 있을 것이다.

'순수 초기투자를 2년안에 회수 못한다면 기업의 신규 사업으로는 그다지 매력적이지 않을 수도 있다.'

히가시다는 이 점에 관해서 지금대로 가면 그렇게 매력적이지 않다고 판단하였다. 그래서 초기투자회수기간을 좀 더 짧게 하는 방법을 검토하기로 하였다.

투자회수에 관련한 항목은

① 초기투자액(시공비용, 설비비용, 집기 · 가구 등)

② 매상

③ 원가율

④ 영업비용

⑤ 지불이자

가 주된 것이다.

'매상은 실적이 기준이 되니까 선불리 설정 변경할 수 없겠지. 원가율과 영업비용도 현시점에서는 실적수치를 기준으로 해야 하고, 지불이자는 실세에 따르고, … 그렇다면 여기서 검토할 여지가 있는 것은 초기투자액을 어느 정도까지 줄일 수 있는지다!'

히가시다는 초기투자액수 최소화를 첫 번째 타깃으로 삼았다.

▶ 초기투자액을 삭감한다

'과거 개업계획서에 설계도면이나 견적서가 모두 파일화되어 있지. 우선 표준 점포의 레이아웃이나 설계기준, 설비의 사양 등을 정하여 실제로 얼마나 비용을 줄일 수 있는지 검토해보자.'

당장 영업부 점포개발담당자에게 밀라노 익스프레스 표준 레이아웃과 사양을 즉시 정리하도록 이메일로 의뢰하였다.

히가시다는 현장에 밀착한 영업부장라는 입장이 자신의 힘을 발휘할 수 있는 최고의 위치라고 생각했었다. 그러나 프랜차이즈화를 향한 업무를 하다 보니 자기가 회사에 대해 파악하지 못한 부분이 얼마나 많은가를 실감할 수 있었다. 평상시 점포운영에 대해서는 숙지하고 있었지만 실제로 처음부터 점포를 출발하고 사람을 채용해 교육하고 확실하게 이익을 남기는 것이 얼마나 힘이 드는 일인가 이제야 알 수 있을 것 같았다.

'프랜차이즈화 한다는 것은 회사자체를 더 높은 수준으로 끌어올리는 일이구나.'

혼자서 납득하면서 그 책임자로서 일할 수 있다는 것

이 이렇게 보람이 있는 일인 줄 몰랐다.

이런 큰일을 하게 해 준 미야타에게 감사했다.

다음 날 저녁 즉시 이메일 답장이 왔다. 회사전체가 프랜차이즈화 업무를 최우선으로 생각하여 움직이고 있었다.

'지난 번 사장님 조례에서 말씀하신 게 효과가 있었나?'

미야타는 일주일에 한번 조례에서 이야기를 한다.

지난 번 조례에서 사장은 정식으로 프랜차이즈화를 향한 체제로 전환한다는 것, 책임자로 히가시다가 취임한 것, 후임 영업부장은 고바야시가 취임한다는 것, 나아가 전 직원이 프랜차이즈화를 위한 업무에 최우선으로 협력해 줬으면 좋겠다는 내용을 본사 직원들에게 이야기했다.

이메일 첨부파일에는 점포 표준규모 레이아웃 및 사양이 기입되어 있었고 과거의 견적도 적혀 있었다.

- 점포면적: 총면적 $200m^2$
- 객석수: 80석
- 기본 레이아웃: 피자, 파스타, 델리카테센(delicatessen),

디저트, 젤라또(gelato) 각 쇼케이스(showcase)를 벽면에 배치. 일부 바(BAR) 스타일의 서서 먹는 코너를 설치.

- 점포이미지: 건물의 전면(façade)은 녹색을 기조로 하여 이탈리안 바(BAR)의 이미지. 점포 내부는 흰색 오크제품(oak)을 기조로 밝고 따뜻한 가구로 구성하여 밀라노의 도시적이고 세련된 분위기를 겸비한 이미지를 연출.
- 견적가격: 4,800만엔

'점포면적과 레이아웃은 현행 점포도 이미 표준 타입이라서 이것을 전제로 한다면 별 문제가 없겠고… 설비관련도 주방기기와 공조가 중심이니까 큰 변경은 필요 없겠고… 집기, 비품관련은 점포이미지와 관련이 크기 때문에 크게 변경한다면 회사차원의 동의가 필요하겠지! 일단 이 컨셉으로 어디까지 비용을 줄일 수 있는지를 연구해보자. 무턱대고 비용절감만 생각할 수는 없으니까 삭감목표를 정하여 어느 정도 많은 양의 발주가 필요하다면 수량에 따른 가격을 계산해 달라고 해야겠다.'

히가시다는 투자회수기간을 기준으로 하여 초기투자액의 삭감목표를 계산하려고 했으나 어디에 목표를 설정해야 할지 몰랐다.

'다테씨 말에 의하면 2년 이내라면 그렇게 나쁜 숫자가 아니지만 실제로 어떤 기준으로 판단하면 좋을까?'

히가시다는 혼자 고민하면서 문제를 해결한다기보다 누군가의 의견을 들으면서 이해하고 일을 추진하는 타입이었다. 여기까지는 혼자서도 비교적 쉽게 도달했지만 이제부터는 전문가의 의견이 필요했다.

'다테씨와 회의는 언제이지?'

스케줄 수첩을 펴고 다음 회의 일정을 확인하여 질문사항 등을 미리 다테에게 이메일로 보내려고 컴퓨터 앞에 앉았다.

【다음 회의에서 확인해야 하는 사항】

- 밀라노 익스프레스의 타당한 투자회수기간은 어느 정도입니까?
- 초기투자액을 절약하기 위한 구체적인 방법에는 어떤 것들이 있습니까?

이 내용과 함께 검토하는 데 필요한 데이터도 첨부하여 보냈다. 히가시다는 '어려움에 부딪쳤을 때는 현장에서 배워라'라는 미야타의 지론이 생각나서 다시 한번 전 점포를 돌아다녀볼 생각을 했다.

'그러고 보니 요즘 한달 동안 점포를 안 돌았다. 컴퓨터 앞에만 있어서는 좋은 아이디어가 떠오르지 않을 거야.'

일단 마음을 먹으면 행동으로 옮기는 것은 빨랐다. 컴퓨터를 끄고 상의를 입고 본사사무실 계단을 뛰어 내려갔다.

얼마 전까지만 해도 왕벚나무 두 개만 꽃피고 있었던 본사 바로 앞 벚꽃 가로수 길도 다소 늦게 핀 겹벚나무가 크고 진한 분홍색 꽃을 피어 완연한 봄을 느끼게 하였다.

"정말 빠르다. 벌써 겹벚나무가 핀 계절이구나. 멍청하게 있다가는 금방 여름이 오고 눈 깜짝할 사이에 1년이 다 간다."

계절이 몰아치듯이 히가시다는 긴자점으로 급히 발걸음을 옮겼다.

다음 날 다테로부터 이메일 답장이 들어와 있었다.

이틀 동안에 전 점포를 다 찾아 다녔던 히가시다는 전 점포의 통일 이미지 연출이나 비용절감 측에서 아직까지 개선의 여지가 많다는 생각이 들었다. 점포마다 미묘하게 집기구성이 다르거나 의자나 테이블 등의 가구류도 그 때마다 조달되고 있었기 때문이었다. 다테에게 온 메일에는 회수기간의 목표설정과 비용절감의 방법에 대한 회답이 들어 있었다.

1. 회수기간의 설정에 관한 유의점

- 신규사업으로서 복수의 점포 전개를 의도하는 경우에는 1호점 개업 후 2년 이내에는 2호점을 개업할 수 있는 회수기간이어야 한다. 단 점포취득비용은 제외하고 생각할 것. 프랜차이즈의 경우에는 가맹금 등의 초기비용까지 포함시켜 회수기간을 계산하지만 현 시점에서는 아직 결정하지 않았기 때문에 우선 감가상각전이익에 대해 1년반 이내에 회수할 수 있는 범위를 목표로 계산하면 된다.

2. 비용절감의 방법(이하 방법을 종합적으로 실시한다)

- 목표 삭감비용을 실현하기 위해 효율적이고 낭비가 없는 설계를 작성한다.
- 집기·가구류, 간판 등에 대해서는 사양을 통일하고 일정한 양을 선행하여 발주한다.
- 내장에 대해서는 사양을 재검토하고 공정의 단축 및 작

업자의 시간관리를 철저히 한다.

- 복수 업자에게 견적서를 제출하게 하여 적정한 비용 파악에 나선다.

'지금과 비교하면 약250만엔(5.2%)의 비용 삭감이 필요하네… 다테씨가 지도해주신 비용절감대책으로 달성할 수 있는 레벨이겠지…'

히가시다는 이틀 동안 순회한 점포의 현 상황을 생각하면서 다테가 보낸 답장 메일을 확인하여 목표 달성에 대한 자신감을 확실히 가졌다.

▶ 점포의 시공·설비에 관한 비용삭감

당장 점포개발담당자에게 논의의 핵심을 이해시키고 방법을 설명하여 목표달성을 향해 각 거래처와 조정하도록 지시했다. 그 결과 한 달 후에는 목표보다도 훨씬 절약된 초기투자액 4,400만엔을 달성할 수 있었다.

"히가시다 부장님! 단지 연간 최소 10개 점포를 개업하는 것이 조건입니다. 사양 등 크게 변경하는 것이 없기 때문에 직접 매상에 영향을 끼치는 마이너스 요소는 전혀 없습니다. 부장님이 지시하신 방법으로 절차에 따라 하나하나 해보니 생각보다 쉽게 목표를 달성했습니다. 설계부터 재검토하면 더 비용을 삭감할 수 있을 것 같습니다."

처음엔 '그렇게 쉽게 코스트(비용)가 줄지 않을 겁니다. 전문가가 아니면 정말 어려운 분야입니다. 무리하게 추진할 필요는 없을 것 같습니다.'라고 히가시다의 지시에 대놓고 불만을 표시하던 점포개발담당자도 불과 한 달만에 8%이상의 비용절감이 가능해지자 불만을 늘어놓았던 것도 잊어버리고 지금은 더 할 수 있는 일이 없을까 하고 비용절감의 가능성을 찾는 것에 즐거움을 느끼는 것 같았다.

히가시다는 이전에 그가 불만을 표출했던 걸 신경쓰지 않는 것처럼,

"감사합니다. 1년에 10개 점포입니까? 그것은 내 일이고 꼭 그렇게 하도록 약속하겠습니다. 단지 이번 숫자가 최종목표가 아니니까 앞으로도 계속해서 검토해 주세요."

히가시다는 자기보다 연상인 점포개발담당자의 노고를

치하하고 위로하면서 보다 높은 수준을 요구하여 감사의 뜻을 표했다.

"첫 단계는 돌파했구나. 다음 간부회의에서 경과를 보고하여 승인을 받아야지."

히가시다는 생각보다 순조롭게 초기투자액이 절감되어 들떠 있었다. 그리고 바로 다음 간부회의 주제로 초기단계투자액 절감에 관한 보고를 넣어달라고 다치바나에게 메일을 보냈다.

▶ 인건비 삭감

초기투자액 삭감과 병행하여 히가시다는 영업비용 중 가장 비율이 높은 인건비에 대해서도 검토에 착수했다.

밀라노 익스프레스는 보통 레스토랑처럼 풀(full) 서비스가 아니다. 각 코너 앞에 있는 쇼케이스(showcase) 앞에서 요리를 고르고 손님 스스로 테이블까지 갖고 가는 반 셀프스타일(semi self style)이다. 따라서 보통 레스토랑에 비하면 인건비 비율은 낮게 유지할 수 있다. 그 결과 높은 이익률을 실현하고 있었다.

하지만 프랜차이즈화에 있어 밀라노 익스프레스 인건비가 정말 낮은 수준에 있는지 어떤지를 재검토할 필요가 있었다.

'인건비 비율은 서비스나 조리의 시스템에 따라 변동한다. 업계 평균이나 타사수치와의 비교만으로는 올바르게 판단할 수 없을 것이다.'

히가시다는 외식종합연구소가 발행한 데이터를 참고하면서 자사 인건비부담이 업계평균과 비교하여 낮은 수준에 있다는 것을 확인했지만 현 상황에 만족하지는 못했다.

그래서 다테가 가르쳐 준 인건비에 관한 목표설정 방법을 미팅 의사록에서 뽑아 그 절차에 따라 밀라노 익스프레스의 표준인건비를 설정하기로 했다.

【적정 인건비목표의 설정】

① 개점부터 폐점까지의 표준업무와 표준시간을 설정한다.

② 표준업무에 필요한 인원을 15분단위로 배치한다.

③ ②를 바탕으로 표준 근무시간(shift)을 완성한다.

④ 요일별로 표준 근무시간(shift)을 작성한다.

⑤ 기타 주간·월간·연간 표준업무와 표준시간을 설정한다.

⑥ 일간 표준근무시간(shift)과 주간·월간·연간 업무에 따라 인원배치를 한다.

⑦ 전 항목을 바탕으로 연간 총노동시간을 산출하여 연간 표준총인건비를 설정한다.

히가시다는 밀라노 익스프레스 연간 총 노동시간을 설정하여 직원 2명 체제로 운영했을 때 인건비를 산출하여 현재 10개 점포의 실적과 비교해 보았다.

'표준치와 비교했을 때 이렇게 차이가 나다니…어찌된 일인가? 영업부장으로서 인건비에 대해서는 꽤 엄격하게 관리했다고 생각했지만 전년도 실적을 베이스로 예산을 짜는 것이 폐해를 수반하는가? 제로베이스로 생각하지 않으면 개선이 안 된다는 이야기구나.'

히가시다에게는 믿기 힘든 숫자이었다.

점장시절부터 인건비 관리에 대해서는 꽤 자신이 있었고 부하에게도 노하우를 가르쳐 주고 있었다. 지금까지 일했던 것이 얼마나 허술한가를 실감했다.

밀라노 익스프레스 1인당 인건비는 직원 평균연령이 낮은 것도 있고 해서 그다지 비싸지는 않았다.

그러나 한편으로 미야타의 방침으로 성과주의를 베이

스로 하면서도 가족주의적인 따뜻한 인사제도로 운영했기 때문에 직원들의 정착률이 높은 편이었고 해마다 인건비는 상승하고 있었다. 다테와의 회의에서 프랜차이즈를 전개할 때 가맹점에서도 같은 인사제도를 도입하기로 이미 결정되어 있었다.

'일하는 사람들 모두의 행복이 있어야 손님들에게도 최고의 서비스를 제공할 수 있다. 따라서 일하는 사람들이 행복을 느끼지 못한다면 밀라노 익스프레스의 존재가치는 없다.'

이 생각은 미야타의 신념이고 프랜차이즈 전개시에도 이것을 베이스로 하여 인건비를 설정해야 했다.

'목표수치는 설정했으니 이 근무시간(shift)으로 정말 현장 업무에 지장이 없고 손님에 대한 서비스가 떨어지지 않은가를 검증해 보아야 겠는데…. 일단 규모가 표준점포에 가깝고 입지조건이 다른 2개 점포를 테스트 해보자.'

히가시다는 당장 표준근무시간(shift)을 기초로 한 인건비설정에 무리가 없는지를 시험해보도록 고바야시에게 의뢰하였다.

고바야시가 뽑은 것은 긴자서부점과 시부야점이다. 양

쪽 점장에게 요지를 설명하여 다음 달부터 표준근무시간(shift)을 채용하고 인력 배치, 업무 수행상태, 서비스 상황 등을 주간 단위로 보고하도록 지시하였다.

이 두 개 점포는 같은 규모이었지만 고객층과 요일별 시간대별 고객수가 크게 달랐다. 따라서 표준 총노동시간의 틀 안에서 각 점포 실태에 맞춘 근무시간(shift)을 설정하여 테스트를 실시하였다.

'지금도 바빠서 사람이 모자란데 더 이상 어떻게 해서 인건비를 줄이라는 거지?'

긴자서부점 점장은 3년의 경험을 갖고 있고 고바야시보다 나이가 많았다. 요즘 약간 타성적으로 일하는 것 같고 실제로 매상도 오르지 않아 목표치를 다소 밑돌고 있었다.

"우리도 바쁘지만 기존의 근무시간(shift)은 타성적인 부분도 있으니까 시간관리도 문제가 있을 수가 있습니다. 좋은 기회라고 생각하여 철저하게 해 보겠습니다."

시부야점 점장은 아직 경험이 1년밖에 안 되었고 고바야시보다 두 살 정도 나이가 어리다. 긴자서부점에 비하면 최근 매상증가율이 높은 편이고 목표도 달성하고 있었다.

대조적인 점장이 운영하는 두 개 점포를 뽑은 고바야시는 이 테스트가 인건비 삭감을 전 직영점에 적용할 수 있는 기회가 된다고 생각했다.

"고바야시 부장님, 해냈습니다! 사람이 많다고 잘 되는 것은 아니군요."

한 달 후 시부야점 점장이 흥분하면서 보고하였다. 매상목표도 달성했다. 한편 긴자서부점은 계획보다 인건비가 20% 초과에다 매상도 목표의 90%밖에 안 되어 크게 미달했다.

"히가시다 부장님, 시부야점은 대성공을 거두었습니다. 이대로 전 점포에 확산시키면 굉장한 일인데요."

"고바야시, 아직 기뻐하기만 할 수 없어요. 긴자서부점은 성과가 나타나지 않았잖아요."

"예. 그러나 점장의 의지와 방법의 문제입니다. 모든 점포에서 성과를 거둘 수 있도록 도전해 보겠습니다."

히가시다와 고바야시는 2개 점포 점장의 이야기도 듣고 실제로 점포를 순회하여 검토하였다. 그 결과 이번에 설정한 인건비는 충분히 실현될 수 있는 수준에 있다는 것, 단지 전제조건으로 업무표준이 확립되고 종업원이 충분히 그것을 이해할 수 있도록 일정수준이상 교육을 받을 필요가 있다는 결론에 도달했다.

히가시다는 고바야시를 통해 긴자서부점 점장에게 업무표준의 명확화와 종업원의 재교육을 실시하여 목표인 건비의 달성과 매상의 확보를 지시하였다.

시부야점 성공에 자극을 받은 긴자서부점 점장은 자신의 관리능력 부족과 교육 부족을 반성하며 온 힘을 다해 개선을 시작하였다. 그리고 3개월째에는 시부야점과 같이 계획을 달성했다. 매상도 목표달성했다.

"히가시다 부장님, 긴자서부점도 달성했습니다. 이제 전 점포에 실시하도록 지시하겠습니다. 성공하면 대단한 수치를 달성할 수 있을 것 같습니다."

'영업 표준화와 종업원에 대한 철저한 교육을 통해 이 목표는 어느 점포에서도 달성할 수 있을 것 같다. 생각보다 큰 성과를 거둘 수 있을 것 같다.'

히가시다는 3개월내에 계획했던 성과를 거둘 수 있어 아주 만족스러워했다.

고바야시는 전 직영점으로 확대시켜 6개월 후에는 전 점포에서 목표를 달성했다. 영업이익률을 3% 향상시키는 경이적인 성과를 거둔 것이다.

'프랜차이즈화 덕분에 직영점 영업도 이렇게 진전을 이룰 수 있다니… 생각하지도 못했던 일이야!'

상상이상의 성과에 흥분한 고바야시의 보고를 받은 미야타는 마음속으로는 펄쩍 뛰면서 기뻐하고 있었다.

'이것만이라도 프랜차이즈를 시작한 의의가 있다.'

▶ 원가율 절감

인건비와 마찬가지로 비용 중에 식자재비 등의 원가가 차지하는 비율이 크다. 밀라노 익스프레스에서는 본고장의 이탈리아 요리를 될 수 있는 한 저렴한 가격으로 제공한다는 기본방침에 따라 재료를 철저하게 선별하여 사용하기 때문에 보통 레스토랑에 비해 다소 비싼 원가율이 나온다.

하지만 섣불리 삭감할 수만은 없는 일이다. 원가율을 절감시키면 상품의 가치를 떨어뜨릴 수도 있는 일이었다.

히가시다는 영업담당자로서 철저히 규격에 충실한 상품을 제공해왔다. 원가에 관해서는 점포차원에서 낭비를 배제하고 예상대로 수치를 달성해 왔다.

그런데 이번엔 더 근본적인 방법으로 원가를 재검토해야 했다. 상품기획에 대해서는 전문가가 아닌 히가시다는 기획담당인 가와모토 부장의 도움을 받아 원가율 절감을 추진하기로 했다.

기획부는 영업부 바로 옆에 길고 비좁게 배치되어 있다. 가장 안쪽에 자리를 잡은 가와모토는 원래 유명 레스토랑 체인의 상품기획을 오랫동안 담당했었다.

미야타의 스카우트 제의를 받아 입사하고 나서 상품기획뿐만 아니라 마케팅 전반을 담당해 왔지만 상품 품질이나 컨셉에 대한 고집은 미야타 이상이었다. 또한 그 고집이 밀라노 익스프레스의 업종으로서의 강인함을 증가시켜 최근 1년 사이에도 많은 히트상품을 탄생시키고 있었다.

히가시다는 가와모토가 자리에 있는 것을 확인하고 사무실 안쪽에 위치한 회의실로 오라고 했다.

여직원에게 커피를 부탁한 둘은 보자마자 본론으로 들어갔다.

"가와모토 부장. 우리의 원가율은 적절한 건가요? 더 이상 절감할 수는 없을까요?"

자기가 생각하는 것보다 다른 사람의 의견을 듣고 생각을 정리하는 스타일인 히가시다는 가와모토에게 솔직하게 물어봤다.

"갑작스럽네요, 히가시다 부장님. 너무 질문이 추상적이어서 대답하기가 좀 곤란한데…."

가와모토는 직무상 말 한마디라도 엄격히 정의하여 사용하는 스타일이라서 히가시다가 정확한 설명이 없이 던진 질문에 대해 당연히 대답할 수가 없었다.

"죄송합니다. 실은 프랜차이즈화를 추진하는데 좀 더 투자회수기간을 줄이려고 합니다. 초기투자액도 줄이지만 이익률도 좀 더 개선하려고 생각합니다. 그래서 원가율을 어디까지 개선할 수 있는지 상담하려고 왔습니다."

"아. 그랬군요. 예. 무슨 뜻인지 잘 알겠습니다. 그럼 원가에 대한 제 생각부터 이야기하겠습니다. 저는 식자재비를 가지고 매가를 설정하는 방식으로 가격설정을 하지 않습니다. 그렇게 하면 고객의 지지를 받을 수 없고 경쟁력도 약해진다고 생각하기 때문입니다. 따라서 우리 회사에서는 상품의 가치를 손님 입장에서 판단하여 가격설정을 하고 있습니다.

그리고 현재는 손익구조상 적절한 이윤을 확보할 수

있다고 보는 35%를 목표원가율로 설정하고 있습니다. 상품마다 원가율이 다르니까 다 종합해서 목표를 달성하도록 기획하고 있습니다. 35%가 높은 것인지 아닌지는 일률적으로 말할 수 없지만 상품가치를 손실하는 방법은 절대로 사용할 수 없습니다. 이것만은 철칙입니다. 경제 환경의 변화에 따라 요즘 2~3년 동안 가격은 내려가는 경향이 있습니다. 그래서 원가를 지금보다 내린다는 것은 실제로 상당히 어렵다고 생각합니다."

가와모토는 조용한 어조로, 그러나 자기는 최대한 노력하여 지금 원가율을 실현하고 있으니까 더 이상은 무리한 일이라고 말하고 싶었다.

"가와모토 부장. 원가율을 내리려면 어떤 방법이 있습니까?"

쉽게 포기할 수는 없다고 생각한 히가시다가 물어봤다.

두 사람 바로 뒤에 있는 칠판에 가와모토가 원가절감 방법을 적었다.

【원가절감방법】

① 원자료 조달루트, 조달방법의 변경

② 원재료의 변경, 대체

③ 상품의 용량 감소

④ 양 확대에 의한 조달비용 절감

⑤ 원재료 사양의 변경

"중요한 내용은 이 정도입니다. 상세한 것은 더 있습니다만 지금까지 잘 해온 내용이라 생략했습니다."

가와모토는 지금 와서는 전문가라고 하더라도 원가를 절감한다는 것은 쉽게 대응할 수 있는 문제가 아니라는 생각에 불만석인 눈으로 히가시다를 봤다.

"지금까지 못했다는 이야기가 아닙니다. 프랜차이즈화를 추진하기 위해 검토할 수 있는 점은 모두 검토하고 가능한 한 수준이 높은 패키지를 완성하고 싶습니다."

"부장님이 말한 것도 이해는 갑니다. 그런데 어느 정도 비용을 절감해야 하는 겁니까?"

"명확한 목표가 있는 것은 아니지만 1%라도 2%라도 손 댈 수 있는 부분에서부터 시작했으면 좋겠습니다."

"잘 알겠습니다. 한번 검토해 보겠습니다. 저도 전문가로서 지금 이 상태로 만족하지는 않으니까요. 우리 부서에 있는 젊은 사람들의 의견이나 현장에서 일하는 사람들의 의견도 참고로 해서 좋은 방법이 없는지 생각해 보겠습니다. 한 달 정도 시간을 주세요."

가와모토는 여기서 이야기를 해 봤자 해결할 수 있는 문제가 아니라고 생각하여 재검토할 것을 약속하여 끝냈다.

"가와모토 부장, 그럼 잘 부탁합니다."

히가시다는 좀 더 이야기를 하고 싶었지만 맡길 수밖에 없다고 생각하고 재촉하기를 포기했다.

'실제로 담당자에게 현 상태를 개선해 달라고 부탁하는 일은 생각보다 어렵구나. 한 달이나 걸린다고? 하지만 기획부가 납득하지 않으면 일이 잘 되지 않으니까 어쩔 수가 없겠지….'

가와모토가 자리에 돌아간 뒤 히가시다는 혼자서 창문밖을 바라보며 중얼거렸다. 창문밖의 겹벚나무는 꽃이 떨어지고 신록이 가지를 덮고 있었다. 계절은 봄에서 초여름으로 옮겨가고 있었다.

자기 자리에 돌아간 가와모토는 정신없이 전화로 이야기하거나 컴퓨터 앞에서 고민하는 기획부 사람들을 보면서 히가시다 부장의 의뢰에 대해 어떻게 대처할지를 생각하고 있었다.

우선 한 달 동안 유예기간이 있지만 지금보다 더 비용을 삭감한다는 것은 쉽게 할 수 없다고 생각했다. 전에 근무했던 레스토랑 체인점에서는 이익달성이 어려워지면 어설프게 원가를 삭감하는 일이 종종 있었다. 그러나 긴 눈으로 봤을 때 손님의 만족도를 떨어뜨리고 경쟁력이 저하하는 악순환을 되풀이 했었다.

'프랜차이즈화라… 간단한 일이 아니라고는 생각했지만 기획부까지 관여할 줄 몰랐다. 히가시다 부장이 말하는 것도 이해가 가지만 경쟁력이 떨어지면 아무 의미가 없지…. 그렇다고 아무 대책도 없이 있을 수도 없고….'

가와모토는 기획부장으로서 히가시다의 의뢰에 대응해야겠다는 사명감과 기대이상의 일을 해내야겠다는 자존심은 갖고 있었다.

그러나 더 이상 비용을 삭감하면 경쟁력이 떨어지게 된다는 반대의견이 부하직원들로부터 나올 것은 뻔한 일이었다.

신상품개발에 있어서는 목표원가를 엄격히 지켜야 한다는 원칙이 있었다. 그런데 담당자는 잘 팔리는 것을 만들고 싶다는 일념으로 과잉 품질집착증세를 보여 목표원가를 넘는 일이 많았다.

'간단하게 비용을 삭감시키라고 부하들에게 지시만 내리면 끝나는 일이 아니다. 또한 너무 많이 자세한 지시를 내려도 모두가 움직여주는 것도 아니고….'

이렇게 가와모토가 고민하는 중에 어느덧 근무시간이 지났다. 기획부에는 상품기획담당인 요시다밖에 안 남았다.

"요시다. 이제 다 끝났어요?"

"예, 이제 끝내려던 참이었습니다."

"한 잔 하러 가지 않을래요?"

"좋습니다. 가시죠."

가와모토는 그렇게 빈번하게 술을 하는 편은 아니었지만 히가시다의 의뢰에 어떻게 대처할지에 대한 의견도 듣고 싶어서 요시다를 불렀다.

역에 가는 도중에 작은 중국요리 전문점 안쪽으로 들어가서 우선 맥주를 시키고 가와모토가 이야기를 시작했다.

"요시다군, 지금 우리 회사 원가율이 얼마인지 알아요?"

"예. 표준원가율은 35%일 텐데요."

"그렇죠. 근데 지금보다 원가율을 더 내릴 수가 있을까요?"

"내린다고요? 단순히 내릴 수는 있지만 매상이 떨어질 가능성이 있습니다."

"당연히 매상이 떨어지면 안 되지."

"그건 불가능합니다."

"간단하게 말하네요?"

"왜냐하면 부장님, 지금도 비용면에서 꽤 무리하고 있습니다. 그것을 더 내리라고 하는 것은…."

요시다는 가와모토와 나이가 한 살밖에 차이가 안 났다. 또한 밀라노 익스프레스 재직기간도 거의 비슷했기 때문에 항상 가와모토에게 솔직한 말을 했다. 가와모토도 요시다의 솔직한 태도가 마음에 들었다.

"말하고 싶은 건 잘 알았어요. 그러나 어떻게 할 수 없을까요?"

"부장님, 갑자기 원가를 내리라니 웬일입니까? 자세히 설명 좀 해 주세요."

"오늘 히가시다 부장이 나한테 부탁을 했어요. 프랜차이즈화를 추진하는 데 투자회수율을 높이기 위해 이익률을 높이고 싶은 모양이에요."

“아, 그렇습니까? 역시 올 것이 왔군요. 영업부에서 인건비를 삭감하는 실험을 시작했으니 우리에게도 뭔가가 온다고 생각했었습니다. 그렇다면 한 번 생각해 보시죠. 프랜차이즈화로 점포가 많아진다면 조달면을 포함하여 검토해서 어떻게 할 수 있을 겁니다.”

“그래요, 그럼 내일 기획부 모두 참석시켜 회의를 합시다.”

의외로 간단하게 ‘해 보자’라는 요시다의 말에 놀라워하면서도 가와모토는 낮에 고민했던 것이 거짓말처럼 느껴졌다.

테이블 위의 요리에 거의 손을 대지 않던 두 사람은 이제서야 먹기 시작했다.

가와모토는 전에 있던 레스토랑 체인본부가 보수적이고, 현상을 개선하려는 의지가 없는 기업체질에 한계를 느껴 밀라노 익스프레스로 옮겨왔다. 그런대도 막상 자기가 같은 입장에 서게 되면 자기도 모르게 보수적이고 못하는 핑계나 하지 않아도 되는 방법만 생각하고 있다니…. 맛있어 보이는 만두에 손을 뻗으면서 혼자 쓴웃음을 지었다.

다음날부터 가와모토는 적극적이고 자신감이 넘치게 행동하였다. 당장 기획부 담당자를 모아 원가절감에 관한 회의를 열었다.

당초 걱정했던 대로 회의는 불만스러운 분위기에 휩싸였다. 그러나 가와모토와 요시다의 열의에 압도당해 절감 목표의 설정과 각자 업무분담에 대한 대략적인 방침을 결정할 수 있었다.

그 후 히가시다와 가와모토는 이메일로 원가절감의 진전에 대해서 정보교환을 했다. 가와모토는 가끔 기획부 내 담당자가 생각대로 잘 움직여 주지 않는다는 메일을 보내기도 했다.

지난 번 회의가 끝나고 딱 한 달이 지났다. 두 사람은 회의실에서 다시 원가율 절감에 대한 회의를 가졌다.

"히가시다 부장님, 중간경과는 메일로 보낸 대로입니다. 대략적인 상황은 아시니까 결론만 말씀드리겠습니다."

가와모토는 이번 검토결과를 간단하게 요약한 서류를 히가시다에게 건네주고 설명하기 시작했다.

【밀라노 익스프레스 원가율 목표설정에 관하여】

- 목표원가율 = 33%
- 절감율 = 2%
- 절감방법
  ① 젤라또(gelato), 디저트류의 조달루트 집약화로 0.5%
  ② 파스타의 연간 사용량의 일괄발주에 의한 비용삭감으로 0.5%
  ③ 유제품의 사양변경과 조달회사 변경으로 0.5%
  ④ 델리카테센(delicatessen)의 매상/이익 매트릭스를 기초로 한 기획변경을 실시하여 0.5% 절감.

"어떻습니까? 부장님. 현시점에서 더 이상 삭감을 하게 되면 경쟁력이 떨어지게 됩니다. 손익구조상도 33%의 원가율은 결코 비싸지 않습니다. 이 범위 내에서 앞으로는 차별화된 특징이 있는 상품제조를 추진하도록 노력하겠습니다."

가와모토는 최대한 노력해서 나온 목표라고 단언하여 설명을 마쳤다.

도중경과를 메일을 통해 알고 있었던 히가시다는 결과에 대해서는 대충 예상할 수 있었다. 히가시다도 밀라노 익스프레스가 비싸게 느껴지는 상품을 제공해서는 안 된다는 생각이 강했다.

"가와모토 부장, 단기간에 2%나 절감해 주시다니 예상 밖의 결과입니다. 저도 우리의 생명은 상품뿐이라고 생각합니다. 선불리 원가절감하는 것은 바람직하지 않다고 봅니다. 그러나 가맹점이 증가하여 사용량이 더 많아지면 더 가치가 높은 상품을 만들 수가 있다는 것이죠."

히가시다는 당초 적극적이지 못했던 가와모토였지만 기획부 모두가 협력해 준 것에 조금은 흥분도 되었고, 매우 기뻤다.

"그럼 다음 간부회의 때 보고하여 승인을 얻은 후에 바로 실시하도록 하겠습니다. 설명은 가와모토부장이 해 주십시오."

히가시다는 빨리 시작하여 직영점에서 실적을 올리고 싶었다. 가맹점에 설명할 때 직영점에서 나온 실적수치는 절대적으로 필요한 것이었다.

간부회의에서 승인 후 직영점에서 바로 착수한 결과 4개월후에는 전 점포에서 원가율 33%의 목표수치를 달성하게 되었다. 상품가치가 떨어질 일이 없이 매상도 순조롭게 올랐다.

히가시다는 각 부문의 협력으로 차근차근 사업 패키지의 수준이 높아지는 것에 자신감을 갖게 되었다.

'혼자만의 힘으로는 도저히 이렇게까지 개선하지 못한다. 정말 고마운 일이다.'

주변사람들이 히가시다에 대해 덜렁거리고 좀 가볍다는 인상을 갖고 있었지만 이번 업무를 통해 한층 성숙해지는 것 같았다.

초기투자액, 인건비, 원가절감에 의하여 밀라노 익스프레스의 손익구조는 크게 변하게 되었다.

히가시다는 여기까지 얻은 성과를 투자회수비교표로서 정리하였다.

'대단해… 영업이익률이 20%를 넘었다.'

히가시다는 비교표를 보면서 밀라노 익스프레스가 투자대상으로서의 매력을 한 단계 더 증가시킨 것에 아주 만족스러워했다.

□ 프랜차이즈 성공 STEP 3 FRANCHISE

사업을 프랜차이즈화하는 데 있어 우선적으로 해야 할 일은 수익성을 일정한 수준이상으로 끌어올리는 일이다. 가맹희망자가 수익면에서 매력을 느낄지 아닐지는 프랜차이즈를 성공시키기 위한 제일 중요한 포인트라고 할 수 있다. 프랜차이즈화하는 경우 직영만으로 전개하는 것보다 더 높은 수준의 수익력을 가져야 한다.

또한 밀라노 익스프레스가 그랬듯이 프랜차이즈화 함으로써 예전보다 수익력이 높은 사업체질을 구축할 수 있게 되었다는 큰 장점도 있다.

■ 수익력을 높이는 방법

- 매상을 올린다.
- 영업비용을 절감한다.
- 지불이자 등 영업외비용을 절감한다.

수익력을 높이는 방법은 위 3가지로 요약할 수 있다. 그리고 프랜차이즈화에 있어 준비해야 할 시책은 두 가지 영업비용을 절감하는 일을 검토하는 것이 기본이다. 그 내용은 다음 네 가지로 요약할 수 있다.

- 초기투자액의 절감
- 원가율의 절감
- 인건비의 절감
- 임대료, 광고선전비, 수도세, 전기세, 통신비 등의 영업비용의 절감

여기서 효과가 큰 초기투자액, 원가율, 인건비의 절감에 관해서 정리하도록 하겠다.

■ 초기투자액의 절감

일반적으로 다음 항목이 초기투자액에 포함된다.

- 건물의 건설비
- 내외장비(간판비를 포함)
- 설비비(음식업에 경우 주방을 포함)
- 물건취득비(권리금, 보증금을 포함)
- 가맹금

프랜차이즈화에 있어서의 초기투자액 절감에서 건물의 건설

비, 내외장비, 설비비가 검토대상이 될 일이 많다. 이 같은 비용을 절감하기 위해서는 다음 방법을 종합적으로 실시하면 된다.

- 절감목표를 설정
- 설계 재검토
- 집기, 가구, 간판 등 사양 통일화와 양산화
- 사양 재검토와 공기 단축, 작업원의 시간관리 철저화
- 경쟁견적의 실시

■ 원가율의 절감

푸드 서비스업에서는 원가율의 변동이 가맹점의 수익에 직접적인 타격을 준다. 물품판매업에서도 원가율의 악화는 본부 이익구조에 악영향을 끼쳐 체인전체의 수익력 저하를 초래하여 최종적으로는 가맹점으로 납품하는 가격까지 영향을 주게 된다. 따라서 프랜차이즈화에 있어서는 본부가 일정한 수준 이하로 원가율을 유지하면서 목표매상고를 확보하는 시스템을 구축할 수 있을지가 관건이 된다.

원가율에 큰 영향을 끼치는 것은 다음 세 가지 항목이다.

- 구매력
- 물류비
- 상품기획력

프랜차이즈화에 있어 목표원가율을 설정하여 세 가지 항목의 비용절감 시책을 검토하고 실시하기 위한 조정, 교섭을 한다. 단 경제환경 변화 속에 악화될 수도 있기 때문에 원가율에 관해서는 지속적으로 절감노력을 해야 한다.

■ 인건비의 절감

인건비는 원가와 더불어 수익에 큰 영향을 미치는 비용항목이다. 그 단가를 산정하는 지표로서는 노동분배율이나 인사생산성 등이 있다. 그러나 프랜차이즈 체인인 경우 신규성이 강한 업종이 많고 이 항목들이 딱 맞지 않는 경우도 종종 있다.

따라서 종래 지표에 의지하지 말고 '업무의 표준화', '매상규모를 기초로 한 적정인원'을 효율적으로 추구하여 인건비를 설정해야 한다.

인건비절감 단계는 다음과 같다.

- 하루 표준업무와 표준시간을 설정한다.
- 표준업무에 필요한 인원을 15분단위로 배치한다.
- 전 항목을 바탕으로 인원배치 표준shift를 작성한다.
- 표준shift를 매상변동(계절, 요일)에 대응하여 조정한다.
- 연간 총노동시간을 산출하여 연간표준인건비를 설정한다.
- 표준shift를 바탕으로 관리운영방법을 작성하여 철저하게 실시한다.

chapter 4

경쟁력을 높인다

:매력적인 프랜차이즈가 되기 위해 II

▶ 현재 우리 회사의 매력은 무엇인가?

영업부 인수인계를 어느 정도 마친 히가시다는 새로운 프랜차이즈 업무 책임자가 되면서 막중한 업무와 새로운 도전에 대한 낯설음 때문에 한 달이 일주일로 느낄 정도로 바쁜 나날을 보내고 있었다.

본사 여직원 옷차림도 하복으로 바뀌고 잠깐 외출만

해도 땀이 나는 계절이 되었다. 창밖에 벚꽃나무 가로수도 녹음이 짙어졌다.

'첫번째 단계는 통과했지만 아직까지 할 일이 태산이다.'

히가시다는 창가에 있는 자기 자리에 앉아 마우스를 움직이면서 일을 시작했을 때 만든 업무스케줄을 확인하고 있었다.

'아직 반도 끝내지 못했군….'

아직도 많은 과정이 남았다는 생각에, 이어 다음 단계를 어떻게 진행해야 할지를 생각해 보았다.

'이번엔 밀라노 익스프레스의 패키지로서의 매력을 어떻게 높이고 가맹자들에게 어떻게 호소할지를 검토해야겠다.'

수익면에서는 매력 있는 패키지가 되었지만 업종 자체의 매력은 직영점이 잘 되고 있으니까 괜찮다고 하는 막연한 이미지밖에 없었다.

왜 많은 손님이 지지해주고, 앞으로도 계속해서 지지해줄 것인가 하는 것! 즉 밀리노 익스프레스 자체의 매력을 명확히 하고 가맹희망자에게 설명할 수 있어야 했다.

히가시다는 자기 혼자 업종로서의 매력을 검토하는 것

은 무리라고 생각했다. 영업분야에서만 일을 해왔기 때문에 컨셉을 만들거나 하는 일에는 자신이 없었다.

'이 분야는 기획담당이 전문분야이지만 기획부에게만 부탁할 수는 없다. 관련된 멤버들을 모아 검토작업을 진행하자. 이념체계가 있으니까 기본적인 부분에 대해서는 합의된 상태이다. 가맹희망자에게 구체적으로 설명할 수 있는 내용을 정리하면 될 것이다.'

히가시다는 당장 멤버를 선출하여 검토에 들어가고 싶다고 간부회의에서 건의하여 승낙을 받았다. 리더는 히가시다. 기획부에서 2명, 영업부에서 2명, 인사부에서 1명이 참가하여 밀라노 익스프레스의 매력도를 검토하기 위한 팀이 구성되었다. 목표는 올 9월말, 앞으로 3개월밖에 남지 않았다.

첫 번째 회의에서 히가시다는 참가자들에게 이번 팀 구성의 주지와 향후 스케줄에 대해 설명하였다.

"히가시다 부장님, 밀라노 익스프레스의 매력을 간결하게 표현한다는 말씀인 것 같은데, 이번 봄에 간부회의에서 정리된 이념체계 중에 있는 사업영역규정과는 다른 내용을 생각하시는 겁니까?"

멤버 중에서는 리더격이 되는 기획담당인 와쿠이가 히

가시다를 시험하듯이 물었다. 와쿠이는 히가시다가 영업부 출신이고 컨셉을 만드는 업무에는 익숙하지 않다고 보고 이번 회의의 전반적인 진행에 대한 주도권을 잡으려고 생각하고 있었다.

"사업영역규정은 밀라노 익스프레스가 앞으로 사업전개를 도모하는 분야에 대해서 표현한 것으로 알고 있습니다. 엄밀히 말하면 특징이나 매력을 표현한 것이 아닙니다. 그것과는 별개로 왜 밀라노 익스프레스를 손님이 지지해 주는가를 명확한 말로 표현하고 싶다는 것입니다."

히가시다는 멤버 모두의 얼굴을 들여다보면서 이야기했다.

"지금까지는 이탈리아 요리 패스트푸드 레스토랑이고 어느 레스토랑보다도 맛있고 가격도 저렴하다고 하는 표현밖에 없었습니다. 하지만 더 구체적이고 손님도 가맹희망자도 알기 쉬운 표현을 찾고 싶습니다."

히가시다에게 이번 회의주제는 대단히 중요한 내용이었다.

손님이 지지해주는 이유를 명확히 표현하지 못한다면 밀라노 익스프레스는 아무데나 볼 수 있는 평범한 레스토랑이 돼 버린다. 그렇게 된다면 앞으로도 크게 번창하기는 어려울 것이다.

하지만 참가자들 모두가 이 같은 히가시다의 마음을 이해하기에는 무리가 있었다. 5명의 멤버들은 이 회의에 참석한다고 해서 각자의 업무를 누가 대신 해 주는 것도 아니고 마지못해 참가한 것이었다.

히가시다로서는 회사를 위해 최선을 다하는 것이 결국 자기에게 돌아온다고 생각하여 일이 많아지는 것이 번거롭다고 생각한 적이 없었다. 그러나 다른 멤버들은 그렇게까지 책임감도 없었고 그것을 탓할 수도 없는 일이었다.

그래도 히가시다는 열의를 가지고 지겹도록 호소했다.

"부장님 말씀하신 뜻은 잘 알겠습니다. 하지만 우리는 외부에 그와 같은 내용을 표현한 적이 없습니다. 아니, 그다지 필요성을 느끼자 않았습니다. 그러나 프랜차이즈 전개에 있어서는 불가결한 일이라는 거죠?

당장 구체적으로 검토해 봅시다."

리더격인 와쿠이가 말하자 다른 멤버들도 이제야 납득했다는 듯이 고개를 끄덕였다. 히가시다는 와쿠이의 한마디로 모두가 적극적으로 검토하겠다는 마음을 갖게 된 것 같아 안심했다.

이처럼 소극적인 분위기에서는 아무리 긴 시간을 검토해 보았자 좋은 아이디어가 나올 수는 없다.

"그럼 우선 밀라노 익스프레스를 왜 손님이 지지해주는가 부터 생각나는 대로 적어주세요."

히가시다는 칠판앞에 서서 모두의 의견이 나오는 것을 기다렸다. 멤버 전원이 평소 생각하는 의견을 생각나는 대로 말했다.

【밀라노 익스프레스가 지지 받는 이유】

- 요리가 맛있다.
- 가격이 그다지 비싸지 않다/분위기가 좋다.
- 거의 기다리디 않고 먹을 수 있다.
- 입지조건이 좋다.
- 이탈리아 요리를 일본인이 선호한다.
- 서비스가 좋다.
- 이탈리아 본고장의 분위기를 맛볼 수 있다.
- 아침, 낮, 저녁, 밤 시간대에 따라 요리나 분위기가 변한다.
- 이름이 유명하고 안심할 수 있다.

"이제 다 나왔나요?"

히가시다는 핵심적인 의견이 있는지 없는지 명확히 판단이 서지 않았다.

▶ 타사와 매력을 비교한다

"밀라노 익스프레스가 타사와 비교하여 특별히 지지 받는 요인을 말하자면 뭐라고 할 수 있을까요?"

히가시다는 심각한 시선에 당황스러워 하면서도 모두가 라이벌이라고 할 수 있는 레스토랑과 밀라노 익스프레스를 머리속에서 비교해 봤다.

"우리의 라이벌이라면 어디입니까?"

와쿠이는 자기 생각이 옳은 건지 아닌지 의심스러워 모두의 얼굴을 봤다.

"글쎄요. 한 마디로 라이벌이라고 해도 여러 가지로 생각할 수 있는데. 그럼 우선 라이벌이라고 할 수 있는 곳을 모두를 열거해 보죠. 그리고 나서 다시 한번 우리가 지지 받는 이유를 생각해 보죠."

그리고 차례로 이름을 말했다.

도도루 커피	맥도날드
켄터키 프라이드 치킨	PRONT(커피전문점)
거리의 커피샵	이자카야
피자샵	스파게티샵
편의점	테이크아웃 도식락점
배달피자	이탈리안 레스토랑
패밀리 레스토랑	회전초밥
호텔의 카페	캐주얼 레스토랑

"이 모두가 라이벌이라고 봐도 되겠지만, 열거한 업종 중에는 라이벌관계라고 말하기 애매한 곳도 있는 것 같은데요…."

히가시다는 칠판의 리스트를 보고 비교하면서 밀리노 익스프레스와 경합할 만한 데가 어느 특정 업종에만 한정돼 있지 않다는 것을 느꼈다.

"밀라노 익스프레스란 하나의 좁은 업종으로 볼 수는 없는 것 같군요."

"잘 살펴보면 시간대나 손님 이용형태가 다양하다는 것이 이들의 공통점 같습니다. 그러면 우리도 시간대나 손님 이용형태에 있어서 다양한 서비스를 제공할 수 있다는 것입니다."

히가시다는 혼자서 납득하면서 다른 멤버에게 자극을 주는 역할을 하고 있었는데, 와쿠이가 히가시다의 말에 이어 역설하였다.

"그렇습니다, 부장님. 밀라노 익스프레스는 아침부터 밤늦게까지 낭비되는 시간(idle time)이 없습니다. 그것이 규모에 비해 높은 매상을 달성하는 요인이 되고 있습니다. 즉 우리의 장점은 모든 시간대에 대응할 수 있는 점포체제를 갖추고 있다는 것입니다."

영업부에서 참가한 최연소인 하야시도 번쩍 떠올랐다는 표정으로 한마디 거들었다.

"그래요. 어떤 상황에도 대응할 수 있는 식문화를 위한 공간이 제공되어 있다는 것이죠. 밀라노 익스프레스의 고객은 패스트푸드점인 맥도날드 등을 즐겨 이용하는 대학생 이상의 세대인데, 그들이 아침부터 밤까지, 언제든지 자유롭게 식사할 수 있는 모든 상황에 대응하고 있다는 것입니다. 우리의 모형이 된 바(BAR)도 마찬가지로 이탈리아 사람들의 생활의 일부분이 되어 있다고 들었습니다. 밀라노 익스프레스는 질이 높은 상품과 공간을 제공하고 학생이나 회사원, 여직원 등의 생활 속에서 원하는 기대에 부응하고 있다는 거죠."

"좋아요. 답답했던 것이 다 날아간 것 같네요. 그럼 이 것을 알기 쉬운 말로 정리해 봅시다."

히가시다는 모두가 말한 의견을 정리하여 칠판에 천천히 쓰기 시작했다.

【밀라노 익스프레스의 매력】

- 아침부터 밤까지 모든 식문화에 대응라는 일본에서 유일한 성인을 위한 이탈리안 패스트푸드 레스토랑
- 본격적인 이탈리안 요리를 저렴한 가격으로 신속하게 맛볼 수 있다.
- 혼자서도 그룹으로도 간단하게 이용할 수 있고 이탈리아의 분위기 넘치는 쾌활한 공간을 즐길 수 있다.
- 친근감이 있고 부담이 없는 서비스를 실감할 수 있다.
- 이 모두가 밀라노 익스프레스의 큰 매력이 되어 많은 사람들에게 강한 지지를 받고 있다.

히가시다는 지금까지 의견을 나름대로 정리하여 요점을 조목별로 썼다.

"좋습니다, 맞아요. '밀라노 익스프레스가 왜 잘 되고

있는가', 누구나 알 수 있을 겁니다."

와쿠이가 깜짝 놀랄 정도로 큰 소리로 말하였다.

히가시다도 와쿠이와 같은 생각이었다. 번거롭게 에둘러서 하는 표현으로 논의하는 것을 잘 못하기 때문에 예상 이상으로 잘 정리되어 기분이 좋았다.

"오늘은 여기까지로 하고 다음은 오늘 나온 요인 하나하나가 구체적으로 어떻게 실현되고 있는지를 검토해봅시다."

미팅을 마치고 다른 사람들보다 늦게 방을 나온 히가시다를 사장실에서 나온 미야타가 불렀다.

"히가시다 부장, 끝났으면 긴자점에 같이 가지 않을래요?"

"예, 저도 말씀드리고 싶은 것이 있던 참이었습니다."

히가시다는 들고 있었던 서류를 책상에 놓고 서둘러 미야타 뒤를 따랐다. 본사 빌딩을 나와 미야타는 보도에 있는 벚나무 가로수를 보고 말했다.

"완전 여름이네. 스스무가 좋아하는 계절이 되었어."

미야타는 천천히 걸으면서 히가시다에게 말했다.

"그렇군요. 예전 같았으면 이맘때쯤이면 벌써 두세번

은 캠프를 떠났을 겁니다."

히가시다는 야외활동을 좋아하여 조금이라도 시간이 생기면 RV차를 몰고 캠핑하러 다니는 것을 낙으로 삼고 있었다. 그런데 올해는 프랜차이즈 담당이 되어 한번도 그런 시간을 가질 수 없었다.

"그래…. 근데, 요즘 너무 일에만 매달리는 게 아닌가? 너무 무리하지 말고…. 하지만 올해는 시간 내기는 좀 틀렸지?"

미야타는 동정하면서도 어쩔 수 없다는 마음으로 말했다. 임원 중에서도 가장 젊고 창립 이래 근속인 히가시다를 미야타는 동생같이 귀여워했다. 사내 회의 등에서는 바로 히가시다 부장이라고 부르고 있지만 둘이서 이야기할 때는 간혹 '스스무'라는 입사당시의 호칭으로 부르기도 하였다.

긴자점은 바쁜 저녁식사시간 때를 지나 밤 얼굴로 바뀌었다. 둘은 가게 가장 안쪽에 앉아 생맥주를 앞에 두고 입구쪽을 바라보면서 이야기를 시작했다.

"이야기하고 싶은 거란 뭐야?"

"사장님도 무슨 일이 있으신 게 아닙니까? 먼저 말씀하세요."

"나는 뭐 별일 아니야. 다치바나 비서가 네가 데스크에서 어두운 얼굴로 고민이 많아 보인다고 걱정하길래 좀 신경 쓰였을 뿐이야. 하지만 얼굴 보니까 전혀 걱정하지 않아도 되겠는걸."

"사장님, 너무합니다. 저도 고민이 많다니까요. 특히 이번 일은 지금까지 현장 중심으로 일해 왔던 저에게는 결코 간단한 일이 아닙니다. 하지만 아까 회의에서도 뭐라고 하면서도 모두가 협력해 줬기 때문에 잘 진행되고 있습니다. 글쎄요…. 저에 대해서는 크게 걱정 안 하셔도 될 것 같네요."

"그래. 좋아. 그럼 자네 이야기를 들어보지."

"예, 프랜차이즈 전개를 향해서 지금까지 스케줄을 짜고 진행하고 있습니다. 또한 간부들과는 출범 전에 충분히 이야기를 했으니까 그 의의나 목적 등에 대해서는 잘 이해하시는 것 같습니다. 하지만 일반직원들은 그렇지는 않습니다. 실제로 업무에 협력 해주는 단계에서는 열심히 하지만 그 외에는 자기와는 상관이 없다는 의식이 좀 강한 것 같습니다.

이대로는 직영은 직영, 프랜차이즈는 프랜차이즈라는 분위기가 될 수도 있습니다. 이 같은 벽이 생길까봐 조금 걱정하고 있습니다."

"그래? 음… 고맙군. 그건 또 생각지 못했던 중요한 일이군. 어떻게 해야 할지 생각 좀 해봐야겠군.

그런데 다른 이야기이긴 한데 이제 슬슬 프랜차이즈 전임멤버를 늘릴 시기가 된 것 아닌가? 지난 번 다테씨를 뵈었을 때 전임멤버를 늘리고 제대로 된 체제를 갖추어야 할 시기가 다 되었다는 이야기를 들었거든."

"다테씨 말씀하신 건 맞습니다. 마침 그 이야기도 하려고 했었습니다. 이제 슬슬 가맹점모집을 위한 자료나 매뉴얼을 작성해야 할 때가 됐습니다. 직영점에도 크게 이득이 되는 작업이기 때문에 모두가 협력해 줬으면 좋겠지만 그게 꼭 생각처럼 되지는 않을 겁니다. 꼭 빠른 시일 내에 멤버를 뽑아주셨으면 합니다."

"알았네. 전임 스태프와 전직원에게 프랜차이즈화에 대한 의식을 심어주는 문제는 내가 책임져서 할게."

미야타는 히가시다가 예상보다 순조롭게 일을 진행하고 있는 걸 보고 안심했다. 또한 작은 조직에도 역시 부서간이나 상하간에 벽이 존재하는 것에 놀라워하면서도 지금 단계라면 아직 자기 힘으로 해결할 수 있다는 자신감을 갖고 있었다.

이제 슬슬 퇴근한 샐러리맨, 샐러리우먼들이 점포 안 테이블에 꽉 차 있었다.

"오늘 밤도 늦어질 것 같군."

미야타는 손님으로 차 있는 테이블을 보면서 기쁜 표정을 지어 히가시다를 보았다.

"그렇습니다. 가게가 번창하고 있는 것이 프랜차이즈화를 위해 가장 자신감을 안겨주는 일입니다. 번창하는 가게가 있어야 프랜차이즈 사업을 할 수 있으니까요."

히가시다도 미야타와 마찬가지로 손님 흐름을 보면서 대답했다.

더 이상 있으면 영업에 방해된다고, 둘은 이야기를 마치고 사람들이 많은 거리에서 긴자거리 뒤쪽 본사로 돌아왔다.

▶ 가맹희망자를 끌어당기는 매력을 정리한다

'밀라노 익스프레스의 매력을 이해시키기 위해서는 그 매력이 어떤 시스템에 의해 실현되는가를 분명히 해야겠다.'

히가시다와 각 멤버는 매주 한번씩 회의를 열어 그것을 명확히 설명할 수 있도록 정리해갔다.

그 과정에서 지금까지 신경도 안 썼던 점이 중요한 노하우가 되거나 노하우라고 봤던 것이 불충분했거나 하는 것들이 나왔다.

그들이 자사의 매력을 "밀라노 익스프레스의 번창을 지지하는 7가지 비밀"로 정리한 것은 약 2개월 후였다.

그리고 그것은 그대로 가맹희망자에게 밀라노 익스프레스가 갖는 차별화된 노하우를 설명하는 데 있어 비장의 카드가 되었다.

【밀라노 익스프레스의 번창을 지탱하는 7가지 비밀】 (사내자료)

▶ 비밀① 아침부터 밤까지 풀타임으로 손님의 요구에 응하는 BLTD 시스템

밀라노 익스프레스는 4가지 얼굴을 연출함으로써 손님들의 요구에 꼼꼼하게 대응하고 있습니다. 그리고 시간대별로 특징 있는 분위기를 만들기 위해 테이블웨어, 테이블크로스, 종업원의 제복과 조명 등을 효과적으로 활용하고 있습니다.

※ BLTD 시스템 개요

B 조식(Breakfast) 오전8시 ~ 11시

이탈리안 샌드위치와 소프트 드링크를 중심으로 한 메뉴 구성. 노란색를 기조로 한 상쾌한 분위기를 연출.

L 점심(Lunch) 오전11시 ~ 오후2시

피자, 파스타, 샐러드를 중심으로 한 메뉴 구성. 빨간색을 기조로 한 들뜨고 밝은 분위기를 연출.

T 차(Tea) 오후 2시 ~ 5시

젤라또와 디저트와 소프트 드링크를 중심으로 한 메뉴 구성. 노란색과 초록색을 조화시킨 차분한 분위기를 연출.

D 저녁(Dinner) 오후 5시 ~ 밤 11시

델리카테센(delicatessen)이나 피자, 파스타와 주류음료를 중심으로 한 메뉴 구성. 검은색과 녹색을 기조로 한 성숙한 분위기를 연출.

▶ 비밀② 바로 완성된 요리를 기다리게 하지 않고 제공하는 후레쉬 앤 익스프레스(Fresh & Express) 서비스 시스템

바쁜 시대입니다. 이런 시대에 맞추기 위해 밀라노 익스프레스는 2분이상 손님을 기다리게 하지 않습니다. 독자적인 조리시스템 "Fresh & Express Serve System"이 힘을 발휘합니다.

어떻게 하면 요리의 특성에 맞게 바로 나온 음식을 신속하게 제공할 수 있는지를 추구한 궁극의 조리 시스템입니다.

▶ 비밀③ 가정과 같은 차분한 분위기의 서비스를 실현하는 프랜들리(Freindly) 서비스 매뉴얼

외식업 종합연구소의 조사에 의하면 손님이 점포를 선택하는 기준중 1위는 분위기와 서비스, 2위는 맛 또는 음

식의 종류라고 합니다. "Friendly Service Manual"에서는 가정에 있는 것처럼 편안한 분위기의 서비스를 실현하기 위해 종업원이 테이블을 순회할 때 대응방법이나 앞서가는 배려를 제공할 수 있도록 철저하게 교육하고 있습니다.

물론 손님의 목소리를 늘 반영하고 정기적으로 개선함으로써 항상 최고의 서비스를 제공하는 시스템을 만들고 있습니다. 매뉴얼은 종업원 교육에 있어 중요한 무기라고 할 수 있습니다.

▶ 비밀④ 어디에도 지지 않는 청결감을 연출하는 클린(Cleanliness) 체크리스트 200

QSC라고 하면 조금 오래된 이미지가 있지만 이 말이 갖는 중요성이 더 높아지고 있습니다. 밀라노 익스프레스에서 퀄리티(Quality)는 "Fresh & Express Serve System"을 통해, 서비스(Service)는 "Friendly Service Manual"를 통해 각각 최고수준을 실현하고 있습니다.

클린(Cleanliness)에 대해서도 밀라노 익스프레스식의 고집이 있습니다. 매일 시간대별로 청소하는 시간과 담당자도 정해져 있습니다. 그러나 종업원 전체가 클린을 자신의 일이라고 생각하고 있습니다. "Cleanliness Check List 200"은 쓰레기를 줍는다, 테이블이나 의자를 정돈한다, 창문을 닦는다 등을 자연스럽게 실시하는 풍토를 만들어냈습니다. 점포 안에 들어오면 느끼는 긴장된 청결감은 밀라노 익스프레스의 클린 수준이 얼마나 높은지를 증명하고 있습니다.

▶ 비밀⑤ 진짜 본고장의 맛을 맛보는 기쁨을 제공하는 밀라노 익스프레스의 명물 메뉴

푸드 서비스업인 밀라노 익스프레스에 있어서 없어서는 안 되는 것이 바로 명품메뉴입니다. 창업 이래 인기가 있어 왔던 일반메뉴, 그 계절에만 맛볼 수 있는 계절메뉴 등이 많은 손님을 매혹시킬 것입니다.

밀라노 익스프레스 명품메뉴는 다음과 같습니다.

- 소지가 얇고 토핑이 인기를 끌고 있는 후레쉬 토마토와 시푸드 피자
- 새우로 끓여 만든 소스와 함께 제공하는 파르팔레(farfalle), 소라 껍질모양의 파스타로, 안쪽에 소스가 듬뿍 들어간 콘킬리에(conchiglie) 등으로 유명한 쇼트(short) 파스타는 모양이 예쁘고 풍부한 양 때문에 여성에게 인기 폭발.

- 사프란의 색깔과 향기가 특징인 구운 리조또, 사프란(safran)
- 조금 두꺼운 어린 소고기로 만든 부드럽고 육즙이 많은 밀라노 스타일 커틀렛
- 베리(berry)류의 타르트(tarte)와 체리의 젤라토(gelato)는 본고장 이탈리아의 맛을 그대로 재현한 디저트의 대표작

▶ 비밀⑥ 고효율을 실현하는 **테이크 아웃 상품**

피자를 비롯하여 파스타, 델리카테센(delicatessen), 샐러드, 젤라또(gelato), 각종 디저트와 풍부한 음료류 등 밀라노 익스프레스에서는 거의 모든 상품을 테이크 아웃할 수 있습니다.

아침 출근전에는 이탈리안 샌드위치와 에스프레소 커피, 점심에는 피자나 파스타와 소프트 드링크, 티타임에는 디저트나 젤라또, 저녁때는 델리카테센을 중심으로 피자나 파스타도 같이 먹고, 하루종일 테이크 아웃하는 손님이 끊이지 않습니다. 테이크 아웃할 수 있다는 강점이 점포규모에 비해 높은 매상을 올리는 것을 가능하게 했습니다.

▶ 비밀⑦ 고객만족을 지상목표로 삼는
밀라노 익스프레스 CS 업(up) 시스템

- 제1시스템: 손님 익스프레스 메시지
- 제2시스템: 손님 모니터 제도
- 제3시스템: 손님 무엇이든 E-mail 제도

밀라노 익스프레스 번창의 원점은 고객만족을 모든 판단기준으로 하고 있다는 것입니다. 만족도를 높이는 많은 노력을 "밀라노 익스프레스 CS up System"을 통해 실시하고 있습니다.

제1시스템 "손님 익스프레스 메시지"는 손님의 소감이나 요망을 기입한 카드가 직접 사장에게 송부되는 시스템입니다. 이를 바탕으로 개선해야 할 점을 추출하여 새로운 서비스 도입을 사장이 즉단하여 지시를 내린다는 것입니다.

제2시스템 "손님 모니터 제도"는 매월 모니터로 선출된 손님에게 요리에서부터 서비스, 클린에 이르기까지 100가지 항목의 평가를 의뢰하여 개선점을 추출하여 각 점포에 피드백(feedback)하는 시스템입니다.

제3시스템 "손님 무엇이든 이메일 제도"는 밀라노 익스프레스의 홈페이지 상에서 손님의 의견이나 요망을 이메일로 모으는 시스템입니다. 각 점포에 설치된 컴퓨터에서도 홈페이지 열람이나 메일송신이 가능합니다.

기타 매년 한 번 대규모 설문조사에서는 방문객뿐만 아니라 일반인들에 대해서도 조사를 실시하여 보다 많은 손님에게 지지받는 점포를 만들려고 합니다. 늘 손님의 만족도를 측정하여 자신들의 올바른 자세를 알기 위해 밀라노 익스프레스는 최대한 노력을 기울이고 있습니다.

□ 프랜차이즈 성공 STEP 4 FRANCHISE

사업을 프랜차이즈화 할 경우 그 사업이 손님의 지지를 계속해서 받을 수 있는 매력을 최대한 많이 갖추어야 한다. 그리고 매력이 다른 라이벌들과 비교해서 차별화되고 우위성을 갖고 있어야 한다.

한편 매력을 유지하면서도 더 발전하기 위한 노하우도 확립해야 한다.

사업이 갖는 매력을 명확히 하고 그 매력을 지탱하는 노하우나 시스템을 눈에 보이는 형태로 확립하는 것이 프랜차이즈 성공을 위한 스텝이 된다.

■ 사업이 갖는 매력을 명확하게 한다.

사업이 갖는 매력은 다음 절차를 밟아 정리하면 된다.

1. 목표 대상고객을 명확히 한다.
2. 고객의 어떤 요구 대응하고 있는가를 명확하게 한다.
3. 고객요구에 대응하기 위한 특징이 무엇인가를 추출한다.
4. 그 특징이 라이벌에 비해 확실히 차별화되고 있는가를 판단한다.

5. 누구라도 알기 쉬운 말로 그 특징을 표현한다.

그러나 사업의 특징이 타사와 비교하여 그다지 차별되지 않거나 경쟁력이 없다고 판명되었을 경우 프랜차이즈화보다는 사업 그 자체를 차별화·특징화하는 작업부터 우선적으로 해야 할 것이다.

또한 자사의 사업에 너무 매력을 느낀 나머지 실제보다 매력적인 특징이 있다고 착각하는 경우가 있다. 따라서 이 같은 내용을 생각할 때에는 간부들이나 담당자뿐만 아니라 입장이 다른 많은 멤버들이 함께 검토할 필요가 있다.

■ 매력의 뒷받침이 되는 노하우와 시스템을 명확히 한다.

사업의 매력에는 그것을 지탱하는 노하우나 시스템이 꼭 존재한다. 그러나 직영점만으로 전개하고 있는 경우 그것이 제대로 체계화되고 있지 않거나 누구나 알기 쉬운 명확한 형태를 갖추지 못하거나 한다. 말로 설명하거나 무의식적으로 전달되어 계승되어 있는 것이다.

프랜차이즈 전개에 있어서는 이와 같은 애매한 형태의 노하우 계승은 의미가 없다. 꼭 누구라도 알 수 있는 형태로 정리하고 모두가 같은 수준에서 이해할 수 있도록 해야 한다.

노하우나 시스템을 명확히 정리할 때 포인트는 다음과 같다.

1. 알기 쉬운 명칭을 붙인다(내용을 연상할 수 있는 추상적인 것).
2. 매뉴얼과 같은 형태가 있는 것으로 만든다(형식은 상관없음).
3. 늘 내용을 수정할 수 있는 구조를 만든다.
4. 노하우, 시스템마다 운영하는 데 있어서의 책임분야를 명확히 한다.

chapter 5

이미지전략을 세운다
:매력적인 프랜차이즈가 되기 위해 Ⅲ

▶ 로고나 점포 디자인의 통일

상품이나 서비스 같은 소프트적인 면에서는 프랜차이즈화를 위한 정비를 마무리하는 일만 남았다. 히가시다가 다음에 시작한 것은 비주얼 면에서 통일된 이미지를 형성하는 것이었다.

밀라노 익스프레스는 현재 도쿄도내에 10개 점포가 있

다. 그러나 도쿄는 넓다. 겨우 10개점포를 가지고는 체인점으로서 사람들이 인식할 정도의 숫자가 아니다. 향후 프랜차이즈를 전개하는 데 있어 점포 하나하나의 독자성보다 밀라노 익스프레스로서 사람들이 명확하게 인식하는 것이 더 중요한 일이다.

밀라노 익스프레스는 지금까지 점포 디자인이나 이미지 조성에 관하여는 거의 일관된 정책을 가지고 진행해왔다. 그렇다고 해도 점포의 입지나 모양에 따라 비교적 큰 차이가 있는 것도 사실이었다.

히가시다는 미야타가 방에 있는 것을 확인하자 비서 다치바나에게 부탁했다.

"지금 바로 사장님과 30분정도 이야기를 나눌 수 있을까요?"

"잠시 기다리세요. 바로 확인해 드리겠습니다."

다치바나는 키보드를 치는 손을 멈추고 미소를 지으며 일어섰다. 노크를 하고 사장실에 들어가자마자 되돌아와서 히가시다 부장을 사장실에 안내했다.

"왜요? 히가시다 부장."

"아뇨, 그렇게 급한 건 아니지만 좀 여쭙고 싶은 게 있어서요. 마침 방에 계신다기에 다치바나씨한테 사장님과 이야기 하는 시간을 좀 만들어 달라고 부탁했습니다. 실은 제가 우리 점포 디자인을 잘 이해하지 못했던 것 같아 사장님에게 여쭙는 게 일을 빨리 풀 수 있을 거라고 생각해서 찾아왔습니다."

"히가시다 부장이 모른다면 어쩌면 우리 회사 내에서 아무도 모를 수도 있다는 말인가? 로고나 점포의 표준 디자인은 매뉴얼화되고 있잖아."

"로고는 깨끗하게 다듬어서 프린트해 놓은 전사가 있습니다. 점포디자인은 매뉴얼화라기보다는 지금까지 있던 것이 투시도 형태로만 남아 있을 뿐입니다."

"그 정도인가? 그러고 보니 디자인 등 비주얼한 면을 통괄하는 부서나 담당도 없었지. 지금까지는 그 때마다 내가 결정해 왔으니까. 그래, 이번 기회에 자네가 종합적으로 정리해 봐. 프랜차이즈화를 위해 필요하다면서."

"예, 반드시 해결해야 할 과제입니다. 단지 제가 담당하는 건 좋지만 디자인이나 인쇄에 관해서는 전문가가 아니기 때문에 누가 좀 도와 줬으면 합니다."

"그럼 다테씨에게 도움을 청하는 건 어때? 디자인 분야에 대해서도 하신다던데."

"알겠습니다. 부탁해 보겠습니다. 그런데 마크의 의미

나 지금까지 어떻게 변천해 왔는지에 대해서는 사장님께서 정리 좀 해 주셨으면 합니다. 그것을 참고로 매뉴얼을 만들려고요"

"좋아. 다치바나 비서한테 부탁할게. 4~5일 정도 기다려 봐."

"예. 부탁드립니다."

사장실에서 자기 자리에 돌아온 히가시다는 바로 다테에게 연락하여 이번 의뢰의 주지를 전했다. 다테는 로고의 상표(서비스마크) 등록을 했는지를 확인한 후 최종적으로는 VI매뉴얼(Visual Identity Manual)로서 정리해야 된다고 말하면서 우선적으로 검토해야 할 주제를 지시했다.

히가시다는 다테가 지시한 대로 필요한 자료를 모아 주제에 따라 검토해 가기로 했다. 다테의 스케줄을 조정하여 2개월 이내에 최종적인 매뉴얼을 마무리하기로 했다.

로고 상표등록에 대해서는 필요에 따라 분류하여 모두 완성하였다. 보통 신청에서 등록 완료까지 2년 정도 걸리니까 지금부터 신청하게 된다면 프랜차이즈를 전개하는데 있어 번거로운 일이 생긴다. 그러나 다카야마 전무가 법무 분야에 밝아 창업 후 바로 신청을 마쳤었다.

밀라노 익스프레스의 상징은 "MILANO EXPRESS"의 로고이다. 그리고 기초적인 색깔은 녹색, 노란색, 빨간색의 세 가지 색깔이었다. 점포 디자인으로부터 패키지 디자인에 이르기까지 모두 이 색깔과 로고를 조합해서 만든 것이다.

점포 내는 흰색 오크 분위기의 목조를 기초로 한 디자인으로 통일되어 있었다.

히가시다는 부하직원 와쿠이에게 지시를 내려 패키지와 점포에서 사용하는 소모품 등을 모두 모으게 하였다. 점포 사진도 점포 앞과 점포내를 각각 다른 각도에서 찍은 것을 준비하게 했다.

지난 번 긴자점에서 미야타와 이야기한 뒤에 와쿠이는 히가시다 밑에서 일하게 되었다. 밀라노 익스프레스의 매력을 검토하는 멤버이자 기획부에서는 가와모토의 오른팔이었던 와쿠이가 온지 벌써 한 달이 지났다.

처음엔 기획부에서 좌천당한 줄 알고 적극적으로 일하지 못했으나 회사의 프랜차이즈화가 얼마나 중요한 일인지를 미야타를 비롯한 간부들한테 들어 이제는 적극적으로 업무에 전념하게 되었다.

▶ 현재 디자인을 재검토한다

히가시다와 와쿠이는 자료가 준비되자 본사 회의실에 분야별로 모든 자료를 늘어놓고 다테와 같이 디자인이나 로고의 차이점을 검토하기 시작했다.

"선생님, 어떻습니까?"

히가시다는 놓여진 자료를 보면서 사용방법에 있어서는 어느 정도 통일되어 있다고 느꼈다.

"글쎄요. 딱 봤을 때는 그렇게 큰 차이는 없어 보이지만 로고의 위치나 색깔사용에 있어서는 통일되지 않는 점을 많이 볼 수 있습니다. 직영만 했을 때는 이 정도의 차이는 큰 문제가 되지 않습니다만 프랜차이즈를 전개하는 데 있어서는 이래서는 안 됩니다. 비주얼한 면의 작은 차이를 간과하면 비슷하면서도 다른 것이 생길 수가 있어 문제가 발생합니다.

"그럼 어쩌면 좋겠습니까?"

"우선 밀라노 익스프레스의 베이직 디자인을 만들어 냅니다. 현 상태에선 로고를 중심으로 베이스 컬러를 어떻게 조합시키는가에 대한 규정을 정해야 합니다. 다음엔 패키지나 문구류, 점포 소모품에 있어서의 로고 사용규정, 색깔 조합 규정 등을 결정합니다.

점포 디자인에 대해서는 간판이나 점포양상 규정을 설정하고 점포내 디자인을 규정합니다. 표준 레이아웃이나 사용부재 등의 규정은 통일된 표준안이 있으니 여기서는 의상면의 규정만 하면 됩니다."

다테는 자신의 설명 후 히가시다가 불안한 표정을 짓는 걸 보고 덧붙여 말했다.

"이 자료를 제가 갖고 가서 지금 이야기한 내용을 제가 다 정리할 것이니까 걱정하지 마세요. 와쿠이씨, 이걸 다 제 사무실에 보내 주세요. 비주얼한 면의 사용규정은 현 상태를 정리하면 되니까 디자이너에게 부탁하여 정리합시다. 단지 그 전에 지금 사용되고 있는 로고나 색깔이 최종적으로 결정된 시점에서 실질적인 작업으로 들어갑시다. 히가시다 부장, 빨리 회의를 열어 재검토해 주세요."

다테와 회의를 마치고 데스크에 돌아온 히가시다는 비주얼한 면의 재검토에 대해서 간부회 멤버들에게 메일을 보내기 시작했다.

창밖으로 보이는 것은 고속도로를 오가는 자동차뿐이

다. 요즘은 모든 차들이 에어컨을 틀고 달리니까 멀리서 봤을 때는 여름 더위를 느낄 수가 없다. 단지 햇빛이 자동차 본체에 강하게 비쳐 반사하는 걸 보고 여름이 왔다는 것을 조금나마 느낄 수 있었다.

'조금 있으면 여름휴가군. 그래도 올해는 아무데도 못 갈 것 같군….'

예년 같으면 캠프를 가려고 준비하는 시기가 다 된 것이다. 그러나 올해는 그럴 여유도 없다. 해야 할이 일이 너무 많았다. 자기 혼자서 할 수 있는 일에는 한계가 있었다. 회사내외를 불문하고 가능한 한 주위의 도움을 받지 않으면 업무를 추진할 수 없었다.

그러나 캠프를 못 가도 그렇게 불만을 느끼지는 않았다. 영업부장 시절도 보람 있었지만 지금 일에는 그보다 더 사명감 같은 것을 느끼고 있었다. 푹 쉴 수 없다는 것 따위는 전혀 문제가 되지 않았다.

'나는 밀라노 익스프레스의 새로운 역사를 만들고 있는 것이다.'

그런 생각을 가지고 히가시다는 일하고 있었다.

'가맹점 모집까지 6개월이 남았다. 이제 슬슬 마무리를 해야 할 시기가 됐다.'

자신에게 타이르듯이 중얼거리면서 그는 다시 한번 컴퓨터에 앉아 메일로 보내는 내용을 확인했다.

▶ 한눈으로 알 수 있는 인상적인 디자인인가?

디자인의 방향은 간부회의에서 검토하기 전에 히가시다가 어느 정도 정리해야 했었다. 그래서 와쿠이와 더불어 대략적인 방향만 잡는 작업에 들어갔다. 요즘 히가시다와 와쿠이가 회의실을 완전히 점거하고 있는 상태이다.

"와쿠이씨, 다테씨한테 받은 검토 주제는 몇 가지가 있나요?"

"크게는 세 가지입니다. 첫째는 '현재 디자인이 그 자체로서 바로 밀라노 익스프레스라고 인지할 수 있는지, 강하게 인상에 남는지'라는 주제입니다."

"구체적으로 말하면…?"

"성공한 체인본부는 다른 곳과 차별화된 인상적인 마크나 로고를 갖고 있습니다. 예를 들어 맥도날드는 골든 아치라고 불리는 M마크, 데니스라면 노란 색에 빨간

Denny's 로고 등이 있습니다. 밀라노 익스프레스도 프랜차이즈 전개에 있어 현재 로고나 색깔 사용법이 적절한지를 확인할 필요가 있다는 것입니다."

밀라노 익스프레스 로고는 이탈리아 분위기를 갖고 있고 MILANO의 O 안에 달과 태양이 강한 인상을 주고 있다.

히가시다는 해마다 실시하는 설문조사 결과에서 로고나 색깔의 인지도를 조사하도록 와쿠이에게 부탁했었다.

"와쿠이씨, 설문조사 결과에서 알 수 있는 것을 간단하게 설명해 줘요."

"예, 이번 봄에 실시한 결과를 가지고 정리한 것이 이 보고서입니다."

와쿠이는 보고서 몇 장을 꺼내어 설명하기 시작했다.

기획부에서 조사를 담당했던 만큼 이런 종류의 보고서를 정리하는 것은 자신이 있었다. 히가시다는 자기가 하면 많은 시간이 걸렸을 것이라는 생각을 하면서 설명을 들었다.

"우선 가게를 방문한 적이 있는 손님이라면 밀라노 익스프레스의 로고 인지율은 95%가 넘습니다. 이 수치는 유명 패스트푸드 3개 회사에 필적하는 수준입니다. 또한

밀라노 익스프레스 로고

MILANO
EXPRESS

가게에 찾아오지 않는 사람들도 50%전반의 인지율을 갖고 있습니다. 단 연령이 올라갈수록 인지율은 내려가는데, 이것은 유명 회사에 비하면 낮은 수준입니다. 아마도 점포수와 광고 선전의 차이라고 봅니다. 결론은 로고 인지도는 좋고 타사와의 차별화도 명확하다고 봐도 됩니다."

"고마워요. 잘 알았어요. 변경하기 위한 검토를 하는 것도 아니니까 이 정도로 충분하다고 봐요. 로고는 이것으로 문제가 없다는 것이지요? 다음… 색깔에 대해서는 어때요?"

"지난 번 설문조사 결과에 의하면 녹색 이미지가 가장 강하게 전체 50%, 빨간색 20%, 노란색 15%입니다. 이외에는 내부 장식으로 쓰여지는 나무 이미지가 강해서인지 베이지색이나 갈색과 같은 회답도 있습니다. 기본 컬러가 되는 세 가지 색은 확실히 인지되고 있습니다. 제 의견이지만 이탈리아 요리라는 점을 감안해서도 지금의 컬러로도 문제가 없다고 봅니다."

"그렇군요. 비교적 우리가 의도하는 대로 사람들이 인지하고 있었군요. 그렇다면 로고도 색깔도 독립된 점포로서 충분히 차별화되어 있다고 판단할 수 있을 것 같군요. 그럼 변경할 필요가 없다고 간부회의에서 제안하도록 해요."

"그렇습니다. 근데 이건 단지 사견이지만 오래전부터 제가 느꼈던 것이 있습니다. 우리의 경우 캐릭터라고 해야 하나, 마스코트가 없습니다. 손님 연령층을 생각하면 너무 유치한 건 안 되지만 뭔가 인상적인 캐릭터나 마크가 있어도 되지 않을까 하는 생각입니다."

"응, 그런 것도 필요할지도 모르겠네요. 그러나 손님 연령층이 비교적 높은 것을 생각하면 무리해서까지 만들 필요가 있는지 의문을 갖게 되는데. 이건 문제 제기로 해서 간부회의 때 말해 볼게요. 로고와 색깔은 변경 없고 마크나 캐릭터는 앞으로 검토과제! 이렇게 갑시다."

히가시다는 기뻐하면서 와쿠이한테 말했다.

▶ 점포이미지를 정확하게 전달하는 디자인인가?

여전히 회의실을 점거한 두 사람은 다테가 지시한 검토주제를 한번에 해결할 작정이었다.

"와쿠이씨, 다테씨가 말한 두 번째 주제는 뭔가요?"

"현재 사용하는 로고나 색깔이 밀라노 익스프레스의 이미지를 정확하게 전달하고 있는지에 대한 문제입니다."

"그러고 보니 지난 번 사장님한테 디자인의 의미와 그 변천에 대해 보고서를 부탁했었는데… 다 되었을까? 와쿠이씨, 다치바나씨한테 가서 확인 좀 해 줄래요."

와쿠이는 회의실에서 나와 다치바나를 찾았으나 사장과 비서 모두 자리에 없었다.

"부장님, 두 분 모두 안 계신 것 같아요. 다치바나씨라면 아마도 벌써 메일로 보냈을 수도 있지 않을까요?"

히가시다가 하루에 한번밖에 메일을 확인하지 않는 것을 알고 있는 와쿠이는 나무라듯이 히가시다를 보았다.

"그럴 수도 있겠네…"

대답하면서 히가시다는 바로 앞에 있는 노트북에서 메일 확인을 시작했다. 아니나 다를까 어제 날짜로 보낸 다치바나의 보고서가 눈에 들어왔다.

"역시 와 있네. 또 다치바나씨한테 혼날 뻔했어."

히가시다는 컴퓨터를 잘 사용하는 편이 아니었다. 하지만 날마다 메일을 확인하는 것은 회사 규칙이기도 하다. 요즘은 출근하면 온종일 회의가 계속되고 외출하면 밤늦게 곧바로 집으로 갔었다. 그래서 깜빡했었던 것이다.

정보시스템과장이기도 한 다치바나는 메일체크를 잊어버리고 회사내에서 전달사항이 늦거나 제대로 안 되면 사장에게 불만을 표시하곤 하였다. 히가시다는 상습범이었기 때문에 또 다치바나가 삐지고 골난 얼굴을 봐야 하는 상황이 될 뻔했다.

다치바나가 보낸 보고서에는 로고와 베이스 컬러의 의미가 차례대로 정리되어 있었다. 미야타가 말한 것을 그녀 나름대로 정리해서 미야타의 최종체크를 받아 보내온 것 같았다.

"우선 로고부터 검토하자."

다치바나가 보낸 보고서를 보면서 두 사람은 검토를 시작하였다. 로고에 대해서 강조했던 것이 MILANO의 O 안에 있는 달과 태양에 대해서이다.

히가시다는 그리스 신화 등에서 아이디어를 얻어 만들었을 것이라고 생각했었다. 그러나 그런 게 아니라 미야타가 밀라노를 방문했을 때 오래된 바에서 발견한 흙으로 만든 도제의 장식 접시가 힌트가 되었다고 한다. 그 인상이 남아 있었기 때문에 로고 디자인을 생각했을 때 디자이너에게 사진을 보여주고 어딘가에 집어넣으면 좋겠다고 부탁했던 것이란다.

달과 태양을 선택한 이유는 아침부터 밤까지 전 시간대에 대응한 업종을 지향한다는 것을 표현하고 싶어서라고 한다.

"그런 깊은 뜻이 있었다니. 모든 직원들에게 알려 주지 않은 게 너무 아깝네요."

와쿠이로서는 처음 듣는 이야기였다.

"나도 처음 들었어요. 회사 내에서도 아는 건 전무님밖에 없을 걸요. 하지만 저 달과 태양에 그런 의미가 있었다니… 좋은 분위기라서 마음에 들긴 했었지만 그런 제대로 된 의미를 갖고 있으면 좀 더 잘 활용하고 싶네요."

히가시다도 와쿠이와 마찬가지로 놀라움을 감출 수가 없었다.

보고서에 색깔에 관해서는

'녹색은 올리브, 노란색은 사프란(saffron)과 레몬, 빨간색은 토마토를 표시한다. 이 색을 통해서 이탈리아를 대표하는 식자재를 표현하여 밀라노 익스프레스의 음식문화에 대한 고집을 표현한다.'라고만 간단하게 쓰여져 있었다.

"이것은 회사내 사람들도 잘 알고 있어요. 가끔 이탈리아 국기라고 말하는 사람도 있는데 노란색이 흰색으로 바뀌는 것뿐이니까 잘못 이해해도 어쩔 수가 없지만…."

히가시다는 자신이 입사당시 베이스 컬러 3색을 이탈리아 국기라고 착각했었기 때문에 핑계하듯이 덧붙여 말하였다.

"회사 내에서는 모두가 알고 있지만 손님 대부분은 이탈리아 국기에서 유래된다고 생각하는 것 같아요. 단순한 일이겠지만 식자재에 대한 고집을 반영하는 것이라고 한다면 이 점을 전달하는 것이 중요하다고 봅니다."

와쿠이는 디자인면에서 본래 전달해야 할 것을 정확하게 손님에게 전달하지 못한 것이 답답했다.

"이번 기회에 비주얼 면에서의 의미를 사내는 물론이거니와 손님에게도 강하게 호소해야 할 것 같다. 지금까지는 말을 하지 않아도 알겠지 하고 막연하게만 생각했었는데…. 간부회의에서는 앞으로 비주얼한 면에서의 호소방법을 구체적으로 검토해야겠네."

히가시다는 이 주제에 대한 기획서를 다음 간부회의까지 작성하도록 와쿠이에게 지시했다.

▶ 거리의 풍경을 헤치지 않는 디자인인가

아침부터 계속해서 회의실에 틀어박혀 있던 두 사람은 창밖의 햇빛이 조금 약해진 무렵에야 겨우 마지막 주제로 들어갔다.

"와쿠이씨, 마지막 주제는 뭐죠?"

"밀라노 익스프레스가 거리에 안 좋은 이미지를 주지 않는가 하는 문제입니다. 특히 점포 디자인이나 간판이 경관상 문제가 되고 있지 않는가, 테이크 아웃으로 사용되는 패키지 디자인이나 소재가 환경을 배려한 것인가에 대한 문제입니다."

히가시다는 직영점 전 점포의 사진을 회의실 책상에 늘어놓았다.

"와쿠이씨, 어떻게 생각해요? 우리 가게는 거리 경관에 악영향을 끼치고 있는가요?"

밀라노 익스프레스 점포의 외관과 내부 인테리어

"전혀 문제가 없다고 봅니다. 그러나 어디까지나 도쿄 도내의, 그것도 번화가 입지에서의 이야기입니다. 교토나 나라와 같은 특정지역이나 관광지 등에서 개업할 경우는 그에 따른 고려가 필요하다고 봅니다. 그러나 예전에 있었던 비디오판매 체인점이나 젊은 고객을 대상으로 하는 저가 패밀리레스토랑 체인에 비하면 지금으로서는 어디서 개업해도 문제가 없을 것 같기는 합니다만…."

"그래도 낮은 수준에서 타협할 수는 없어요."

와쿠이가 말한 업종들에 대해서는 히가시다도 볼 때마다 기분이 안 좋았다. 아무리 그래도 그런 식으로 가게를 만들 수는 없는 노릇이라고 생각했다.

"그렇다면 보통의 경우라면 현상태로도 문제가 없고…, 단지 특히 경관에 유의해야 할 지역에서는 거기에 어울리는 조정이 필요하다는 것이지. 교토 같은 곳에서는 간판이나 지붕 색깔도 거리에 맞는 배려가 필요하겠지?"

히가시다는 손님이 만족할 수 있는 요소는 상품이나 서비스뿐만 아니라 점포의 존재 그 자체에도 관련된다고 봤다. 조금 비용이 들더라도 지역의 요청에 성실히 대응하는 것이 밀라노 익스프레스의 사명이라고 생각했다.

"패키지에 대해서는 어떻게 생각해요? 환경을 배려한

소재를 사용하거나 어디서나 봐도 위화감이 없는 디자인일까요? 와쿠이씨는 기획부에 있었으니까 잘 알잖아요?"

"환경을 배려한다는 점에서는 업계에서도 꽤 앞서가는 편입니다."

밀라노 익스프레스에서는 미야타 지시도 있고 해서 업계에서는 제일 먼저 PVC필름 사용하였다. 게다가 재생할 수 있는 것은 가능한 한 재활용하는 시스템을 도입하고 있다.

"단지 환경면에 대한 배려는 세상이 엄청난 스피드로 진화하고 있으니까 앞으로도 연구를 계속하여 대책을 세워야 합니다."

"맞아요. 이 주제에 대해서는 현재로서는 문제가 없는 것 같아요. 단지 앞으로 더욱 더 신경을 써야 할 문제라고 보고합시다. 간부회의가 끝나고 다테씨에게 결과를 보고하여 VI 매뉴얼의 제작을 부탁해야겠네요. 인쇄가 다 끝날 때까지는 한 달 정도 걸릴테니까… 전체적으로 딱 두 달 정도 걸리겠군요. 예정했던 대로는 진행할 수 있을 것 같군."

간부회의에서의 검토에 대비해 자신들의 방향을 정리한 두 사람은 같이 힘을 합쳐 큰 일을 해냈다는 것에 만족감을 느끼고 있었다.

"아직 간부회의가 남아있으니 일단락됐다고 할 수는 없지만 오늘은 좀 한잔 해도 좋겠네요."

히가시다는 와쿠이에게 말했다.

"예. 가시죠. 아직까지 맥주가 맛있는 계절이에요."

와쿠이도 히가시다 밑에서 일하면서 처음으로 마음 놓고 마실 수 있는 것이 기뻤다.

두 사람이 본사를 나왔을 때는 아직도 햇빛이 아스팔트를 비추고 있었다. 퇴근하는 것처럼 보이는 몇몇 여성들이 무슨 약속이 있는 듯 즐겁게 이야기하면서 두 사람 옆을 지나갔다.

"아직까지 덥네."

유난히 땀을 많이 흘리는 히가시다는 상의를 들고 있는 손으로 강한 석양을 차단하며 목적지인 이자카야 간판을 보았다.

오래간만에 두 사람은 마음껏 마셨다. 전철 막차 시간이 다 되어 겨우 가게를 나온 히가시다는 역으로 향하는 길에 바람이 조금 시원해지는 것을 느끼며 가로수의 벌레 우는 소리를 들었다.

"계절은 변한다…."

어떤 사업이라도 독자성을 표현하여 타사와 차별화하기 위해 브랜드라는 것이 있다. 그리고 로고나 마크, 상징 색상 등의 비주얼한 면의 표현방법이 브랜드 이미지 형성에 큰 역할을 한다.

브랜드 이미지가 높아지고 널리 알려지게 되면 체인을 확대하는 것도 빨라진다. 즉 이미지 전략을 잘 추진하는 것이 프랜차이즈 성공을 향해 크게 발전하는 데 있어 꼭 필요하다.

프랜차이즈 전개에 있어서 비주얼한 면의 규정이 잘 운영되지 않는다면 모처럼 형성된 브랜드 이미지를 망칠 수도 있다. 통합된 느낌이 드는 이미지 형성은 프랜차이즈 체인의 생명이라고도 할 수 있다.

■ 비주얼 정체성(Visual Identity)이란

브랜드를 비주얼화 하는 기본 아이템에는 로고, 마크, 기업 컬러, 캐릭터 등이 있다.

이것은 간판, 점포, 차량, 판촉도구, 각종 사무도구, 패키지류, 제복, 영업소모품 등의 디자인에 반영된다.

이 같은 디자인의 사양과 운영을 통일화한 규정이 VI, 즉 비주얼 아이덴티티이다. 프랜차이즈화에 있어서는 이것을 명확하게 하지 않고서는 전혀 이미지가 다른 가맹점이 생기거나 손님한테 주는 팸플릿조차도 달라질 수가 있다.

■ 바람직한 이미지 형성을 위한 세 가지 유의점

브랜드 이미지를 높여 인지도를 올리기 위해서 지켜야 할 점들이 있다.

우선 자사 브랜드 이미지와 비주얼한 표현을 정확히 파악하여 그것이 다음 세 가지 유의점을 충분히 충족시키는지를 확인해야 한다.

1. 로고나 마크가 인지성이 높은 디자인인가?

프랜차이즈 전개 목적은 규모 확대이다. 아는 사람만 아는 존재가 되어서는 안 된다. 따라서 브랜드를 표현하는 로고나 마크가 많은 사람들이 기억하기 쉽고 임팩트가 있는 것이어야 한다.

특히 간판이나 차량 등, 일상적으로 눈에 띄는 것은 시인성이 중요한 포인트가 된다. 눈에 띈다고 다 되는 것은 아니지만 강하게 인상에 남고 차별화되어야 한다.

2. 브랜드이미지를 정확하게 표현한 디자인인가?

자사 브랜드 이미지를 손님에게 정확히 전달하기 위해서는 디자인이 그것을 정확하게 표현해야 한다.

프랜차이즈화에 있어서는 브랜드를 통해서 누구에게 무엇을 호소하고 싶은지를 확인해야 한다. 그리고 호소해야 할 내용과 디자인이 정확하게 연관되는지를 평가하여 필요하다면 개선한다.

3. 점포나 패키지가 주위에 나쁜 이미지를 주지 않는가?

아무리 강한 인상을 주는 디자인이라도 거리 경관을 훼손하거나 주위 사람들이 싫어하는 디자인이라면 오히려 이미지를 나쁘게 만든다.

지역에 밀착하여 거기서 사는 사람의 생활에 기여하는 것이 프랜차이즈 시스템의 본질이다. 따라서 프랜차이즈를 전개하는 기업이 지역주민들에게 나쁜 인상을 남겨주는 점포나 차량을 갖는다면 도저히 성공할 수 없을 것이다.

디자인 평가는 회사내뿐만 아니라 회사외 설문조사를 실시하여 객관적으로 판단하도록 한다. 또한 시대적인 요청으로 환경면에 대한 배려가 더욱 요구된다. 바람직한 브랜드 이미지를 형성하는 데 있어 사용소재를 검토하여 재활용시스템을 구축하는 것은 앞으로 더욱 더 중요한 요소가 될 것이다.

chapter 6

본부 인프라 정비
:가맹점급증에 대응할 수 있는 시스템 구축

▶ 공급체제의 현상태는?

'일본이 아닌 것 같다. 정말 대단해…'

와쿠이에게는 정말 오랜만에 푹 쉴 수 있었던 휴일이었다.

밀라노 익스프레스에는 회사전체가 쉬는 여름휴가는 없다. 가게가 연중무휴이다 보니 본사도 교대로 여름휴가를 떠난다. 미야타의 방침은 쉴 때는 제대로 쉬어야 한다는 것이었다. 그래서 직원들은 비교적 긴 여름휴가를 즐기는 것이 습관이 되어 있었다.

와쿠이도 예년에는 7월 중에 일주일정도 해외여행을 계획하곤 했다. 독신인 그가 여름휴가로 해외에 가는 것은 그렇게 큰 부담이 아니었다.

와쿠이는 이른바 일벌레가 아니었다. 대학을 졸업하고 식품회사에서 조사담당이나 기획담당을 했었지만 뭔가 차가운 회사분위기가 안 맞아서 수년이 지나 퇴사했다. 자기한테 맞는 회사를 찾아다니며 면접을 보다가 밀라노 익스프레스 사원모집 광고를 보게 되었고 미야타 사장의 따뜻함에 끌려 입사하였다. 단지 미야타 사장을 위해 일한다기보다 자기가 하고 싶은 일을 할 수 있을 것 같다는 막연한 기대감이 입사한 동기였다.

실제로 프랜차이즈 담당자가 되기 전까지는 좋아하는 기획 일을 비교적 자유롭게 하고 있어서 그로서는 아주 만족하고 있었다. 그러나 프랜차이즈 담당이 되자 상황이 일변했다.

"와쿠이씨, 아직 여름휴가 안 갔지요?"

8월 어느 날, 히가시다가 물었다.

"예, 아마 올해는 그런 여유도 없을 거라고 생각합니다."

와쿠이 자신은 예년처럼 여름휴가를 떠나는 것을 포기했었다.

"바쁘긴 해도 어느 정도 일단락이 되었으니까 다음 주쯤 쉬어도 돼요. 어디 놀러 가고 싶은 데도 있을 거 아니에요?"

"감사합니다. 하지만 일이 제대로 마무리되지 않은 상태로 가봤자 마음만 불편할 것 같네요. 가맹점 개발을 위한 준비가 다 되었을 때 쉬도록 하겠습니다. 그래도 이번 주말 정도는 좀 푹 쉬어야 할 것 같습니다."

와쿠이는 직업적인 성격도 있고 해서 조금이라도 유명한 가게가 있으면 여자친구와 같이 이곳저곳을 잘 다니며 식사를 즐기곤 했다. 요즘 잔업이 계속되어 그것도 못했던 와쿠이는 주말에 오랜만에 여자친구와 같이 오다이바로 외출했다. 요즘 신문이나 잡지에서 많은 기사가 실려 있는 주목받는 곳이다.

"우와. 정말 대단해."

와쿠이는 '대단하다'를 몇 번이나 되풀이했는지 몰랐다.

"그래. 어느새 호텔도 많아지고 대관람차도 생기다니 정말 굉장하네. 자동차 전시장이나 여성전용 쇼핑센터까지 있잖아."

"응. 잡지에서 봐서 대강 어떻다는 것은 알고 있었지만 막상 보니 백문이 불여일견이네."

두 사람은 팔레트 타운(Palette Town)에 이어지는 거리 중간에서 작년 방문했을 때 광경과는 너무나 달라진 모습을 보고 놀라서 순간적으로 발걸음을 멈추었다.

새로운 명소라고 불리고 많은 젊은이들이 모이는 오다이바에 밀라노 익스프레스는 아직 진출하지 않았다. 그러나 여기에는 일본뿐만 아니라 세계 각국의 프랜차이즈들이 집합하고 있었다. 그리고 여성을 타깃으로 한 쇼핑몰 비너스포트(Venusfort)를 보고 압도당했다.

"좋은 거, 좋은 가게에는 국경이 없다는 거네."

"밀라노 익스프레스는 여기엔 안 오는 거야?"

"지금은 예정이 없어. 하지만 올 수 있도록 노력해야지. 여기뿐만 아니라 일본 각국에 진출할 거니까."

일본 제패를 노리고 출발한 프랜차이즈 담당자가 된 것이 와쿠이의 생각을 조금 바꾸었을 수도 있다.

지금까지 밀라노 익스프레스가 국내 체인이 된다든지

글로벌 체인을 목표로 한다든지 그런 것에 대해 그다지 관심이 없었다. 자기가 마음에 든 상품이나 서비스를 기획할 수 있으면 만족스러웠다. 그런데 오다이바의 열기를 직접 느껴보니 밀라노 익스프레스를 더 큰 무대로 진출시키고 싶다는 야망이 솟아나는 것을 느꼈다.

오랜만의 휴가를 오다이바에서 지내 푹 쉬었다기보다는 오히려 많은 경쟁상대를 생각하게 된 와쿠이에게 새로운 한 주가 시작되어 출근하자마자 히가시다가 본사 근처에 있는 카페로 오라고 불러냈다.

"와쿠이씨, 출근하자마자 바로 불러내서 미안하지만 스케줄을 생각하니까 이제 다음 단계로 들어가야 할 것 같아요. 시간은 괜찮나요? 상당히 업무가 많아진 것 같은데."

"예, 말씀하신 대로 많긴 하지만 아직 괜찮습니다."

어제 오다이바의 열기로 와쿠이는 아직 열정적이었다.

"부장님, 최대한 빨리 출발할 수 있도록 조금 무리해도 괜찮습니다."

"흠… 어찌된 일이지? 지난주까지의 와쿠이가 아닌 것 같은데. 같은 사람이 맞이요?"

히가시다가 보기엔 와쿠이는 능력 있고 우수하지만 아직 적극적인 자세가 부족해서 답답한 감이 있었다. 그러나 오늘은 전혀 아니었다.

"그렇지는 않습니다. 실은 어제 오다이바를 보고 와서 조금 느끼는 바가 있어서요. 빨리 밀라노 익스프레스를 500개 점포, 아니 1,000개 점포로 늘려서 일본 최고의 체인으로 만들고 싶습니다."

"그래요. 하지만 500개도 좋고, 1,000개도 좋지만 지금 체제로는 틈이 생기기 쉬어요. 그래서 다음 단계로 들어가는데 점포수가 늘어도 감당할 수 있는 본부체제를 만들어야 하는데, 와쿠이씨가 그걸 맡아서 했으면 좋겠어요. 물론 전부 혼자서 하라는 건 아니에요. 주제에 따라서는 각부서의 도움도 받으면서 진행하고요."

"우리의 현재 공급체제가 어느 정도의 규모까지를 상정하여 만들어진 건지 알겠나요?"

데스크로 돌아온 히가시다는 쉴 새도 없이 계속해서 와쿠이한테 말하였다.

"부장님, 그렇게 말씀하셔도 저는 그쪽으로는 직접적으로 관여한 적이 없어서 잘 모르겠습니다. 기획부와 영업부의 물류담당한테 물어보면 알 수 있을 것 같아요. 저녁때까지 좀 기다려 주세요."

"알았어요. 저녁 5시부터 그 자료를 참고로 하여 회의를 하도록 하죠."

히가시다는 하루라도 시간이 아까웠다. 프랜차이즈화를 위한 업무는 예정했던 대로 잘 진행되고 있다. 그러나 그것은 다테가 스케줄 관리를 잘 해주고 늦어질 것 같으면 도움을 주기 때문이었다.

그리고 이제부터는 체제를 만들거나 매뉴얼 등 필요한 툴을 작성한다든지 하는 손이 가는 작업을 하거나 회사 내외를 불문하여 여러모로 조정해야 할 필요가 있었다.

히가시다에게는 지금까지가 10%정도 끝냈고 아직 90%의 업무가 남아 있다는 느낌이었다. 목표의 기한까지는 이제 6개월 정도! 히가시다가 하루도 버리고 싶지 않는 마음은 와쿠이도 충분히 이해했다.

와쿠이는 바로 기획부 담당자를 불러 원료와 자재의 조달 구조와 제품관계의 생산과 배송의 상황에 대해 간단하게 설명을 들었다. 그리고 나서 영업부의 물류담당자에게 창고와 배송 루트 등의 현 시스템에 대한 설명을 들었다.

필요한 자료는 기획부와 영업부에서 보관하고 있었지만 회사 내에서만 사용하게 되어 있는 것이라 와쿠이는 그대로 책상에 갖고 와서 조사하기 시작했다.

밀라노 익스프레스는 자사가 공장이나 창고를 갖고 있지 않다. 미야타가 상사근무시절 쌓은 인맥을 살려서 외부 협력공장이나 창고를 잘 활용하고 필요한 것을 효율적으로 조달하여 비용을 낮추는 구조를 갖고 있었다. 특히 물류에 관해서는 도쿄도내에 점포가 집중되어 있어서 아주 효율적인 체제로 운영되고 있었다.

와쿠이는 오후 3시 반 경에 회의에 필요한 모든 자료의 준비를 마쳤다.

"부장님, 5시부터라고 하셨지만 괜찮으시다면 지금 바로 시작할 수도 있겠습니다."

"벌써요? 잘 됐네…. 그럼 4시부터 시작해요. 회의실에 준비를 해 둬요."

간단한 회의라면 히가시다 책상 바로 옆에 있는 자리에서도 할 수 있지만 내용이 복잡해질 수도 있으니 히가시다는 회의실을 쓰는 것이 좋겠다고 생각했다.

회의는 4시 정각에 시작하였다. 와쿠이는 우선 자기가 조사한 내용을 대강 설명하였다.

【공급체제의 현황에 관하여】

① 원료조달에 관해서는 생산지 직거래로 80%이상 매입
② 자재에 대해서는 당사 것은 저팬프린트(Japan print)에서 100% 조달
③ 제품은 협력공장에서 생산. 젤라또, 디저트류가 중심
④ 야채, 과일, 생선류 등 신선품은 현지조달로 현장도매상이 납품
⑤ 창고는 생산지별로 보관
⑥ 물류는 생산자가 담당. 원칙적으로 1일1회 배송

【점포 증가, 지역 확대를 위한 대응】

① 원료조달은 전혀 문제없음. 오히려 비용절감 효과 있음
② 자료에 대해서도 전혀 문제없음. 비용절감 효과 있음. 보관기능의 정비가 필요
③ 제품에 대해서는 현 상태의 두 배 정도 허용가능. 그 이상은 설비갱신 등 필요
④ 신선품에 대해서는 개업장소와 현장 도매업자와의 교섭이 필요.
⑤ 창고에 대해서는 창고규모를 현재의 네배 정도까지 확대가능. 근처에 비슷한 규모의 창고 확보 가능

⑥ 물류는 관동, 남동북, 동해지역까지는 현상태 체제로 가능. 단지 원격지에 있어서는 점포수에 따라 비용증가의 가능성 있음. 위 지역외 지역에 대해서는 배송빈도, 비용 등을 포함해서 검토할 필요가 있음. 창고 설치와 관련시켜 검토해야 함.

▶ 개선해야 할 공급체제의 문제점

"점포는 500개, 지역은 일본 전국을 기준으로 검토한다고 했을 때 시급하게 손을 써야 할 것이 무엇일까요?"

히가시다는 와쿠이의 설명을 묵묵히 듣고 있다가 설명이 끝나자 말했다.

"'500개'와 '일본 전국'이란 것은 언제쯤 목표로 생각하면 되겠습니까?"

"빠르면 5년, 늦어도 7년 정도로 달성했으면 좋겠어요."

"그럼, 1년에 100개씩 확대해 나가겠다는 계산이네요?"

"단순히 그렇게 될지는 모르겠지만 최소한 그 정도로

생각해야 할 것 같은데….”

“그렇다면 처음 시작하는 1년째에서 다음 내용이 문제가 될 것입니다.”

와쿠이는 필요한 조건을 확인하고 칠판에 문제점을 열거하기 시작하였다.

【문제점】

① 공장생산품의 생산능력

② 창고의 규모와 장소

③ 관동, 남동북, 동해 이외 지역으로 가는 물류체제

④ 자재의 보관기능

“첫 해에 해겨해야 할 문제가 이렇게 많나요?”

히가시다는 어찌해야 할지 모르겠다는 표정을 지으며 칠판를 보면서 팔짱을 끼고 생각에 잠겨 버렸다.

밀라노 익스프레스의 공급체제는 점포가 증가할 때마다 그에 따라서 겨우 맞추어 해결해 오는 식이었다. 원료나 제품의 품질도 좋고 비용도 싸게 해왔지만 이렇게 급하게 다점포화를 계획하지 않았기 때문에 공급체제의 정비라는 점에 있이시는 전혀 손을 대지 못하고 있었다.

"부장님, 그렇다고 출범시부터 100개의 공급체제가 있어야 하는 건 아닙니다. 1년이 다 끝나가는 시점에 완성되어 있으면 좋은 겁니다. 실제로 지금부터 1년이상 여유가 있습니다. 괜찮을 겁니다."

와쿠이는 갑자기 침묵해 버린 히가시다한테 힘을 돋우어 주듯이 말하였다.

"그래. 100개가 되는 건 1년 후 이야기니까… 그러면 충분히 시간적인 여유도 있고 그렇게 초조해질 필요도 없겠군요."

원래 낙관적인 히가시다는 와쿠이의 말을 듣고 갑자기 힘을 얻어 이번엔 너무 낙관한다는 듯이 말을 받았다.

"사실, 요즘 다테씨가 나만 보면 시간이 없다고 겁주고 하니까 일을 조급히 서둘렀던 것 같아요."

"부장님. 그렇지는 않습니다. 1년 후라고 해도 지금 바로 손을 써야 할 일도 많이 있습니다. 이 주제는 모두 타사와의 조정이나 비용에 관련된 문제니까 회사 내에서만 검토해서 해결되는 문제도 아닙니다. 시간은 꽤 걸린다고 각오해야 할 것 같습니다."

"그래요. 그럼 조금 전에 나온 문제점을 언제까지 어느 정도 개선하는지, 그러기 위해서는 언제부터 어느 분야로부터 시작해야 할지 생각해 봅시다.”

와쿠이는 미리 문제점을 개선하는 방법을 생각해 뒀기 때문에 히가시다가 재촉하자 바로 칠판에 요점을 적었다. 히가시다는 그런 와쿠이를 보면서 생각보다 논리적이고 핵심을 찌르는 일을 할 수 있다는 것에 감탄했다.

【공급체제개선 주제】

1. 공장의 생산능력(20개 점포가 한계이지만 내년 상반기까지 도달)
   - 대책: 다른 공장을 찾는다?
     현재 공장에 설비투자한다?
   - 담당부문: 기획부 상품기획담당
2. 창고의 규모 (40개 점포가 한계)
   - 대책: 근처에 비슷한 물건을 확보(80개 점포, 현행 지역이 한계)?
     도쿄에 집중시킬 것인지, 지방에 분산시킬 것인지?
     자사창고를 설치한다?
   - 담당부문: 영업부 물류담당
   - 유의점: 출점지역과의 관련

3. 관동, 남동북, 동해지역 이외 지역에 가는 물류

- 대책: 새로운 루트 개발, 비용대응?
- 담당부문: 영업부 물류담당

4. 자료의 보관기능

- 대책: 현행 창고에 보관한다
  인쇄회사에 보관을 의뢰하다?
- 담당부문: 기획부 상품기획담당

"2, 3에 대해서는 출점지역을 확실하게 정하지 않고서는 대응할 수가 없습니다. 4에 대해서도 창고가 분산되어 있으면 그 기능을 이용하는 방법도 있습니다. 따라서 우선 출점지역부터 상정하고 해결방법이나 구체적인 시책을 검토해야 합니다. 500개 점포라고 하면 조달에서부터 배송까지 종합적으로 담당하는 부서가 필요하지 않겠습니까?"

"알았어요. 출점지역에 대해서는 지금까지 제대로 논의한 적도 없어요. 나중에 생각하면 되겠다고 미뤄 왔지만 이제는 당장이라도 기본방침을 세워야겠어요. 그 방침과 오늘 회의결과를 바탕으로 각 부서에게 협력을 요청하고 구체적으로 일을 시작하게 해야겠죠? 다음 주 간부회의에서 검토할게요. 조직 문제에 관해서도 같이 제안할 거고요."

다음 주 간부회의는 후반기를 위한 메뉴 제안 등이 기획부에서 올라올 예정이고 해서 그렇게 논의할 시간이 많지는 않을 것이다. 그러나 이 주제는 히가시다에게도 일각을 다투는 문제였다.

히가시다는 회의를 마치자 다치바나가 자리에 있음을 확인하고 간부회의에서 조금 전에 논의한 주제를 추가해 달라고 직접 부탁했다. 걱정할 것도 없이 첫 번째 검토주제로 선정되었다. 다치바나는 프랜차이즈 관련 주제를 우선적으로 하도록 미야타한테 지시를 받은 상태였다.

"히가시다 부장님, 벌써 구체적인 체제 조성이라니, 아주 일이 순조로운데요. 제가 할 일은 아직 없나요?"

정보시스템과장이기도 한 다치바나는 프랜차이즈화에 있어서 정보시스템 정비도 자기가 담당해야겠다고 생각했었다. 시기적으로 이제 때가 다 된 것 같다고 생각하면서 신이 난 표정을 지어 히가시다를 보았다. 다치바나는 새로운 시스템을 구축하는 것이 무엇보다도 좋았다.

"다치바나씨 기대해도 돼요. 1~2주 안에 시스템 관련 정비에 대해서 검토할 예정이니까. 비전문가에게는 제일

이해가 안 되는 분야라서 꼭 도움을 많이 주셔야 해요."

다치바나가 말한 것, 그리고 미야타의 지시를 들으면서 히가시다는 혼자서 일하고 있는 것이 아니라는 것을 새삼 느낄 수 있어서 아주 기뻤다.

▶ 출점지역과 출점수에 따른 공급체제

다음 간부회의에서는 우선 출점지역에 대한 방침이 논의되었다. 프랜차이즈 전개에 있어서는 상당히 중요한 포인트이다. 미야타의 요청도 있고 해서 평상시 멤버와 다테도 참석했다.

서두에서 히가시다는 현시점에서 출점지역의 방침을 명확히 해야 할 필요성을 설명하고 와쿠이가 정리한 방침을 제출하였다.

【출점지역에 대한 생각】

① 요청이 있는 곳에는 일본 전국 어디에도 출점한다.

② 오사카, 나고야, 하카타, 센다이, 삿포로, 히로시마 등 대도시 진출을 우선적으로 한다.

③ 관동, 남동북, 동해 지방을 중점적으로 공략하고 그 후 차차 확대해 나간다.

- 프랜차이즈 담당은 ③→②→①의 순서로 지역확대를 도모할 것을 제안한다.
- 1년째는 ③, 2~3년째는 ②, 4년째 이후는 ①의 순으로 확대한다.

"히가시다 부장, 이 안으로 한다면 어떤 장단점이 있는지 설명해주세요."

"예, 사장님. 장점으로는 첫해는 지역이 그렇게 넓어지지 않고 공급면에서 대대적인 체제변경이 필요없다는 것입니다. 2년째 이후엔 관서지방에 창고를 만들어야 할지도 모르지만 1년이 지난 후 생각하면 될 일이라 준비기간을 확보할 수 있습니다. 단점은 지방의 가맹점희망자를 기다리게 하는 결과를 초래하여 출점수 확보가 다소 어려워질 수도 있다는 것입니다."

"다테씨. 히가시다 부장이 말한 것 외에는 뭐가 또 있을까요?"

"히가시다 부장이 말한 건 다 맞습니다. 덧붙여서 말하자면 장점으로서는 당초 슈피바이저의 이동을 최소한으로 할 수 있다는 것 등과, 광고선전이나 가맹점 개발설명회도 지역을 한정하면 효율적으로 돌아갈 겁니다. 한편 단점은 출점 속도나 지명도를 높이는 데에 있어서는 아무래도 늦어질 것 같습니다."

"다른 분들은 질문이나 의견 같은 거 없습니까?"

미야타의 한 마디로 다양한 의견이 교환되기 시작했다. 논의가 막히면 다테가 조언을 해주어 겨우 출점지역과 출점수에 대한 기본방침이 결정되었다.

【출점지역과 출점수의 기본방침에 대해서】

목표출점수: 500점

지역: 일본전국(해외는 장기적으로 별도로 검토)

목표달성최종연도: 7년째

- 연도별 출점지역, 출점수 내역

  1년째: 관동, 남동북, 동해지역 / 50점

  2년째: 위와 같음+나고야, 오사카 주변지역 / 80점

  3년째: 본토 전역(일본해측의 일부는 제외) / 100점

  4년째: 본토 전역(북해도, 규슈, 사국의 도시권 / 100점

  5년째: 전국 / 80점

  6년째: 전국 / 50점

7년째: 전국/40점

- 출점지역, 출점수는 매년 실적과 사회환경의 변화를 감안해서 검토한다.
- 출점지역에 대해서는 대략적인 규정이며, 실제로는 그 시점에서의 공급체제, 운영체제에 따라 판단한다.

"이상 기본방침을 바탕으로 출점한다는 것으로 괜찮겠습니까?"

히가시다가 묻자 미야타가 마지막에 결론짓듯이 지시했다.

"좋지요. 이 목표와 방침을 기초로 하여 계획을 진행시켜 주세요. 동시에 공급체제도 구체적인 정비작업에 들어가고요. 히가시다 부장만 그것을 하는 건 힘드니까 기획부와 영업부가 협력해서 일하는 체제를 만들어 주세요. 가와모토 부장, 고바야시 부장, 부탁할게요. 전담조직에 대해서는 실질적으로 움직이기 시작하는 내년 봄쯤에 설치하도록 하겠습니다. 구체적인 작업에 대해서는 히가시다 부장이 책임져서 관리해 주세요. 계획 진전내용은 그때마다 보고해주시고요. 그럼 잘 부탁해요."

간부회의 종료 후 출점지역과 기본방침에 따라 공급체

제정비를 위한 구체적인 계획안이 와쿠이에 의해 만들어졌다. 실질적인 작업에 대해서는 기획부와 영업부의 담당자가 각각 분담하여 와쿠이가 전체적인 내용을 관리하기로 했다.

첫해는 현행체제로 대응할 수 있어서 그다지 대대적인 변경은 필요 없었다. 그러나 2년째 연간 80점포라는 출점수를 생각하면 지금 당장이라도 손을 써야 할 일이 많았다.

"다른 부서 담당자를 관리하면서 이 같은 일을 진행한다고 생각하니 정말 힘드네요."

와쿠이는 계획을 히가시다에게 설명하면서 조금 불만을 표시했다. 적극적인 와쿠이가 또 예전의 모습으로 돌아간 것 같았지만 그건 히가시다의 기우에 지나지 않았다. 와쿠이는 놀라울 정도의 기교로 기획과 영업의 담당자를 적극적인 자세로 일하게 만들고 일을 척척 해냈다. 밀라노 익스프레스는 와쿠이라는 선원이 들어와 이제 본격적인 운항에 들어갈 수 있었다.

▶ 프랜차이즈의 명운을 결정하는 정보네트워크

'바람이 변했다….'

오래간만에 아무 일정이 없는 일요일.

아침에 일어났다 싶었는데 벌써 점심시간 가까이 되어 있었다. 긴자에서 자전거로 10분밖에 걸리지 않는 고층 아파트. 그 베란다에 나온 다치바나는 공기가 투명해진 것을 느꼈다. 멀리 보이는 도쿄만에는 화물선이 정박하여 평온한 분위기를 연출하였다.

'올 여름에는 더웠지만 어느덧 가을이 다 되었어. 그러고 보니 이렇게 평온한 시간을 보낼 수 있는 일요일도 오래간만인 것 같아.'

다치바나는 자기가 일만 하고 지내는 것이 좀 외롭기도 했다.

'그러나 사장의 꿈은 나의 꿈! 이를 실현하기 위해서 밀라노 익스프레스에 입사했으니까….'

미야타에게는 나이에 비해 조금 어린 아이와 같은 감성이 있어서 항상 적극적이고 꿈을 이야기하기 시작하면 멈출 줄 모른다. 그런 그에게 매력을 느껴서 입사한 다치바나는 일이 힘들어서 싫다고 느낀 적이 한번도 없었다.

그녀는 정보시스템과장과 비서를 겸하면서 낮에는 주로 비서업무, 저녁때와 휴일엔 시스템 관련 업무를 하며 거의 일만 하고 지냈다. 주위에서 보면 도대체 언제 쉬고 있는지 모르겠다고 할 정도로 열심히 일하고 있었다.

그러나 본인은 어느 쪽 일도 마음에 들었고 중도에 포기하지 않는 성격인 탓에 주위 사람들이 걱정할 정도로 일이 힘들다고는 생각하지 않았다.

'그러고 보니 예전에 히가시다 부장이 슬슬 프랜차이즈 전개를 위한 정보네트워크 조성에 본격적으로 착수한다고 했었는데 이제 내가 나서야 할 때가 됐나 보다.'

프랜차이즈화가 결정되었을 때 미야타가 시스템에 대해서는 다치바나에게 다 맡기겠다는 말을 하였다. 또 지난 주 회의에서도 500개 점포를 위한 정보네트워크 구축에 대해서 다치바나에게 전권을 위임하겠다는 이야기가 정해졌다.

히가시다도 와쿠이도 이 분야에 대해서는 잘 몰랐다. 그러나 프랜차이즈 담당으로서는 어떤 업무를 컴퓨터 시스템으로 처리하고 어떤 정보를 어떤 절차를 통해 수집, 분석하는가 하는 기본방침을 정리해야 했다.

그래서 최첨단 업무시스템으로 유명한 유명 편의점이

나 패밀리 레스토랑의 정보를 수집하여 기본방침을 만들려고 했다.

그런데 둘이서 아무리 검토해도 전혀 진전이 없었다. 완전히 시간을 낭비해 버렸다.

"와쿠이씨, 우리만으로는 전혀 안 되네."

"글쎄요. 역시 비전문가에게는 한계가 있는 것 같습니다. 우리는 지원만 하고 다치바나씨에게 부탁하는 것이 좋겠습니다."

와쿠이는 다치바나가 손아래이기도 해서 입사 초기에는 그녀의 능력을 인정하려 들지 않았던 모양이다. 그러나 평소 일하는 모습을 보며 도저히 따라갈 수 없다고 생각하고 있었다. 히가시다도 시스템구축과 업무개선에서 놀라울 정도의 성과를 거두는 그녀에게 이번 업무를 맡기기로 한 건 전혀 이의가 없었다.

이렇게 해서 히가시다와 와쿠이, 다치바나, 그리고 다테까지 포함한 4명으로 정보네트워크화의 기본방침을 만드는 프로젝트팀이 발족되었다. 진행자는 다치바나였다.

다치바나는 오랜만에 큰 일을 맡았다. 밀라노 익스프레스 컴퓨터시스템은 모두 그녀가 다 만들었다고 해도 과언이 아니다.

창업부터 아직 수년밖에 안 되는 밀라노 익스프레스이지만 지금은 과거의 인습 같은 건 거의 없었다. 일의 방법이나 구조는 간부들이 이전에 재적했던 회사의 습관이나 사고를 조금씩 가지고 있었고, 그 중에는 빠르게 변하는 현재 경영에는 어울리지 않는 것도 다소 포함되어 있었다. 하지만 다치바나는 그런 오래되고 비효율적인 구조를 불식하고 유연성 있고 장래를 위한 시스템 구축에 큰 수완을 발휘한 것이다.

하지만 이번엔 500개 점포 네트워크를 전제로 한 시스템을 구축해야 한다. 다치바나도 이렇게 대대적인 일을 경험해 본 적이 없었다. 회사내 수십대 규모의 컴퓨터 네트워크구축이나 데이터 베이스설계와는 차원이 다른 문제였다.

그래서 다치바나는 프랜차이즈화 이야기가 거론된 이후 각종 세미나에 참가하고 타사 사례를 공부하거나 각 메이커로부터 정보를 수집하는 등 개인적으로 준비를 시작했었다.

시스템 구축 과정은 개요설계 → 기본설계 → 상세설계 → 테스트 → 운용이 된다. 주도권을 맡게 된 다치바나는 당장 다테와 상의하면서 그 과정을 타임테이블로 작성하여 프로젝트를 진행하기로 하는데, 먼저 계획·통제에 유용한 갠트차트(Gantt chart)와, 프로젝트의 공정 관리를 위해 작업순서의 최적 스케줄을 작성하는 네트워크기법인 PERT(프로그램평가검토기법)를 도입하기로 하였다.

회사내에서 검토해야 할 가장 중요한 프로세스는 개요설계이다. 목적이나 기능을 명확하게 하지 않고 만들어진 시스템은 오래 가지 않는 법이다. 나날이 진보하는 컴퓨터 기술이 변동하는 경우도 있다.

어떤 의미에서는 프랜차이즈 시스템의 근간을 맡게 되는 컴퓨터 시스템은 가맹점이 많아지면 바꿀 수 없다. 그리고 본부, 점포, 거래처 등 입장이 다른 이용자 모두에게 이점을 안겨 주는 시스템을 만들어야 한다.

우선 현황을 분석하여 데이터베이스 설계에 필요한 E-R모델이나 데이터 흐름표를 작성하여 새로 생기는 프랜차이즈 시스템에 있어서의 정보유통을 한눈에 보이는 형태로 표현해야 한다.

보람되지만 함께 무거운 책임을 느끼면서 다치바나는 개요설계로 검토해야 할 항목의 리스트를 짰다.

1. 기본개요

① 목적

② 현 상황 분석

· 현행 시스템의 문제점 추출

③ 적용범위

④ 시스템 개요

⑤ 실현성의 검토와 수정

· 이행에 관한 과제 추출

· 시스템 도입에 동반하는 조직 검토

· 개발을 위한 체제정비와 스케줄화

2. 운용/보수에 관한 기본개요

① 운용의 개요

· 운용형태

· 운용방법

· 성능조건

② 보수의 개요

· 시스템의 확장성

· 시스템의 보수성

3. 시스템 구성과 기능

① 하드웨어 구성

② 소프트웨어 구성

③ 기능구성

④ 기능사양

4. 보안(Security) 대책

① 업무면에서의 대책

② 시스템상의 대책

5. 비용계산

운용/보수의 개요나 시스템 구성에 대해서는 시스템 판매자나 프로그래머, 하드웨어 관리자 등을 포함한 전문적인 논의가 된다. 따라서 여기서는 '500개 점포 체인으로서 시스템이 어떤 목적을 가질 것인가'라는 가장 중요한 기본개요로 논의가 좁혀졌다.

▶ 컴퓨터 시스템의 기본개요를 정한다

시스템은 기업목적을 달성하기 위한 수단이다. 그것을 착각해서 시스템 구축 그 자체를 목적으로 생각하여 실패하는 경우가 많다. 몇 개 기업에서 이 같은 실패사례를 본 다테는 시스템 구축의 목적이나 그 필요성 등 기본적인 논의를 철저하게 만들어야 한다고 강조했다.

몇 번의 회의를 거쳐 기본개요는 다음과 같은 내용으로 정리되었다.

【밀라노 익스프레스 시스템(MEX System)구축 기본개요)】

① 목적

- 신속하고 일원화된 정보유통으로 경영합리화와 고객만족도 향상을 실현
- 경영의사결정 신속화
- 수주의 일원화에 의한 물류비용 절감
- 고객장부관리의 향상에 의한 고객만족도 향상
- 상품개발 사이클 단축

② 적용범위

- 수·발주, 청구관련에서 결산처리까지 연동한 재무회계분야
- 경영판단을 위한 관리회계분야
- 고객, 상품정보를 중심으로 한 마케팅 정보분야
- 커뮤니케이션 툴로서의 통신분야

네트워크 시스템의 개략도

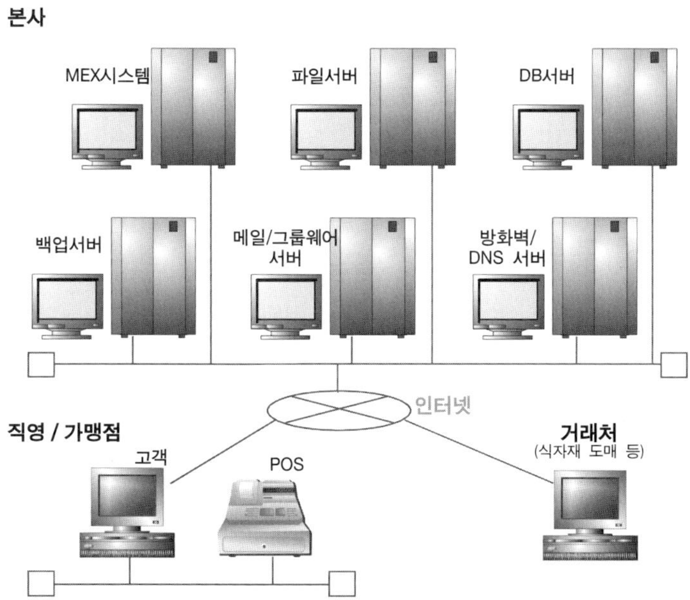

③ 시스템개요

- 가능한 한 기존구성을 이용
- 추가구성에 대해서는 안정성, 장래성, 비용을 중시

④ 도입스케줄

- 내년 5월까지 직영점 모두 도입
- 프랜차이즈 가맹점은 1호점에서부터 도입. 전 시스템의 완성목표는 내년 말

이상의 방침을 기초로 하여 구체적인 시스템 구축을 향한 신 프로젝트가 출발한 것은 10월중순쯤이었다.

프로젝트리더는 다치바나. 히가시다는 참관자로서 회의에 출석하는 일은 있었지만 전문용어가 오가는 업자들의 논의에는 따라갈 수 없었다.

다치바나는 제조업자나 소프트개발회사와 계속해서 검토해 나가며 지금까지와는 비교가 안 될 정도로 바빠졌다. 하지만 그런 와중에서도 미야타의 비서업무도 잘 해내고 있었다.

"다치바나씨, 요즘 너무 일이 많네요. 비서 일은 당분간 다른 사람한테 맡겨도 괜찮을 것 같은데…."

미야타는 다치바나의 업무가 과중한 것이 마음에 걸렸다. 하지만 다치바나는 늘

"걱정을 끼쳐 드려 죄송합니다. 하지만 괜찮습니다. 프랜차이즈화에 저도 끼고 싶은 것도 있고 모르는 일이 많아 시간이 좀 걸려서 바빠 보일 뿐입니다. 해를 넘기면 일단락이 될 것 같습니다."

라고 미야타의 배려를 송구스러워 하였다. 그러면서도 다치바나는 기분이 좋아서 더 일을 열심히 하곤 했다.

밀라노 익스프레스의 장점은 모두가 서로를 배려하면서도 나약한 체제로 전락하지 않는다는 점이다. 젊은 나이에 큰 일을 담당하게 된다는 자부심과 성장기업 특유의 활기와 밝은 분위기가 가득한 것이 더욱 더 기업을 성장시키고 있었다.

다치바나의 활약과 다테의 도움으로 시스템구축은 계획대로 진행되고 있었다. 다치바나가 예상했던 대로 해가 바뀔 즈음에는 프로그램 개발에도 어느 정도 전망이 보이고 일부 점포에서는 5월 도입을 향한 운용테스트가 시작되었다.

▶ 가맹점 개점 시스템의 구축

다치바나가 시스템 개발에 분투하는 사이 히가시다는 다른 주제 때문에 고민하고 있었다.

지난 번 간부회의에서 출점 목표는 결정되었지만 과거 5년간 10개 점포밖에 출점하지 않았던 회사가 갑자기 연간 50개 점포를 출점해야 하고, 2년 후엔 연간 80개 점포를 달성해야 한다. 히가시다에게 연간 50개 점포라는 숫자는 아직 현실적인 것으로 느껴지지 않았다.

요즘 와쿠이는 공급체제 정비에 관한 업자와의 회의 때문에 거의 자리에 없었다. 어쩔 수 없이 히가시다가 혼자 책상 앞에서 고민하게 되는 일이 많아졌다. 히가시다는 곰곰이 계획을 세워 실천하는 타입이 아니다. 누구의 의견을 듣거나 이야기 중에서 힌트를 얻어 일을 추진하는 타입이었다. 그런데 요즘 이야기할 상대도 없고 하니 혼자서 진전이 없었다.

'50개 점포의 오너를 찾는 것 자체는 불가능한 일이 아닐 것이다. 그러나 실제로 오픈하게 된다면 최소 월 4개 점포, 매주 1개 점포를 출점해야 한다. 지금 방식으로 매주 1개 점포를 오픈한다는 것은 가능한 일일까?'

이 같은 생각이 머리 속에 겉돌고 있던 어느 날 어쩐 일인지 와쿠이가 책상에 맥없이 앉아 있었다. 히가시다는 이제야 시간을 잡았다고 생각하면서도 그런 기색을 안 보이고 앞쪽에 앉아 있는 와쿠이에게 말을 걸었다.

"와쿠이씨, 시간좀 있어요? 긴자점이라도 가지 않을래요?"

"예. 정말 오랜만이네요. 부장님. 보고해야 할 일도 있으니… 가시죠."

두 사람은 늘 걷는 벚꽃나무 도로가 아닌 본사 뒤쪽에 있는 버드나무 가로수길을 걸었다. 긴자에 위치한 그다지 높지 않은 빌딩도 석양을 받아 긴 그림자를 거리에 드리우고 있었다. 거리를 오가는 사람들 복장도 최근 1주일 사이 많은 변화를 보이고 있었다.

긴자점의 가장 뒤쪽 좌석에 앉은 히가시다는 와쿠이가 에스프레소 커피 두 잔을 갖고 오는 것을 바라보면서 이 점포가 오픈했던 당시의 기억을 되살리고 있었다.

히가시다는 대학 졸업 후 근무했던 회사를 그만두고 싱가포르에서 2년 정도 일한 뒤에 파트타임 사원으로 긴자점 개업에 관여했다.

밀라노 익스프레스 1호점이라고도 할 수 있는 긴자점은 오픈 첫날부터 고난의 연속이었다.

입지조건도 좋고 해서 손님은 예상보다 많았지만 운영면에 있어서는 문제가 많았다. 그러나 사장 이하 전원이 매일 가게에서 살다시피 하면서 매일 반성과 개선을 되풀이하며 겨우 한 달이 지나서야 잘 돌아갈 수 있었다. 그 후 히가시다는 정사원이 되어 현재의 직영점이 오픈할 때 항상 중심적인 역할을 담당해 왔다.

밀라노 익스프레스는 오픈 전후 한 날은 본부 담당자

뿐만 아니라 기존 직영점에서도 지원체제를 갖추게 되어 있었다. 3호점 오픈 이후에는 반드시 기존의 직영점 점장이 새 점포를 맡아 왔다. 즉 지금까지 밀라노 익스프레스 점포의 오픈은 많은 경험자가 꽤 많은 시간을 투자하여 성공시켜 왔다는 것이다.

그런데 프랜차이즈 가맹점의 경우 그렇게 할 수가 없다. 점장이 경험이 없을 뿐더러 본부에서 지원한다고 해도 한계가 있다. 지금까지 오픈한 적도 없고, 가능한 일인지 아닌지 자신이 없는 것이 히가시다의 솔직한 마음이었다.

"부장님, 드세요."

와쿠이가 갖고 온 에스프레소를 히기시다 앞에 놓았다.

"고마워요. 그런데 와쿠이씨는 밀라노 익스프레스 오픈에 참여한 적이 있어요?"

긴자점에 가자고 했을 때 이미 히가시다는 그동안 고민했던 것을 모두 털어놓으려고 마음을 먹었다. 히가시다와는 달리 와쿠이는 기획 스태프로서의 경험이 길었다. 전혀 다른 감성으로 생각할 수 있지 않을까 하는 기대감도 있었다.

"예, 오짜노미즈점 오픈 당시에는 가게에 있었습니다.

부장님도 계셨잖아요. 잊어버리셨어요?"

"아, 미안. 몇 점이나 오픈했기 때문에 잘 생각나지가 않네. 그렇다면 오픈에 대해서는 잘 알고 있겠군요. 그럼 상세한 이야기는 하지 않겠어요. 밀라노 익스프레스를 경험없는 점장으로 매주 1개 점포씩 오픈한다는 게 과연 가능하다고 봐요?"

에스프레소 커피를 마시면서 와쿠이는 조금 생각하다가 히가시다를 보며 대답했다.

"괜찮겠지요. 물론 지금까지 하던 방식으로는 불가능하다고 봅니다. 그러나 몇가지 조건을 설정한다면 불가능한 일이 아니라고 생각합니다. 부장님도 아시다시피 연간 300개 점포를 오픈하는 본부도 있는데요. 단지 밀라노 익스프레스로서 어떤 조건이나 전제가 필요한지는 명확하게 해야 할 것 같습니다."

"물론 그런 조건은 필요하지만 한번 실제로 검증하지 않고서는 확신을 가질 수가 없어요."

히가시다는 오랫동안 현장에서 경험했기 때문에 점포업무에 대해서는 필요이상 신중해졌다. 반대로 와쿠이는 스태프 경험이 많아 어떤 일정한 구조와 교육을 철저히 한다면 현장은 잘 돌아갈 것이라는 신념 같은 것을 갖고 있었다.

어느쪽 의견도 맞는 말이지만 결국 어디서 균형을 잡는가가 문제였다. 이 주제에 대해서는 와쿠이 생각이 현 상황에는 적합했다.

"물론 검증할 필요는 있겠지만 고민만 해서 해결되는 일이 아닙니다. 평소 부장님답지 않습니다. 하여튼 어떻게 하면 가능한지를 검토하여 오픈하기 위한 시스템을 만들어 내면 될 겁니다. 다테씨도 타사 사례를 갖고 있을 거고요. 의견을 듣고 제가 원안을 만들겠습니다. 최종체크는 부장님이 해주세요. 2주 정도로 원안을 만들고 한 달 후엔 완성한다는 계획으로 하면 어떻습니까?"

"음…. 그렇게 해 준다면 부탁할게요. 필요한 자료는 영업부에 있으니까 고바야시 부장에게 도움을 요청해 놓을게요."

히가시다는 와쿠이가 최근 수개월 동안에 완전히 프랜차이즈 담당으로서 성장한 것에 감탄했다. 가을 바람 때문에 마음이 약해진 건 아니었지만 적극적이고 낙관적인 히가시다의 특기가 왠지 빼앗긴 것 같았다."

"그래. 열심히 해보자!"

남은 에스프레소 커피를 다 마시고 자신에게 타이르듯

이 히가시다는 힘차게 일어섰다.

예정했던 2주를 기다리지 않고 와쿠이는 "밀라노 익스프레스 오프닝 시스템"의 원안을 만들어냈다. 와쿠이는 첫해 연간 50개 점포를 달성하기 위해 우선 현행인원으로 1주일에 1개 점포를 오픈시키는 목표를 설정하여 어느 정도 지원체제를 준비하면 달성할 수 있는지를 산출해 보았다.

'직영점에서 한 명, 본부에서 한 명 정도라면 지원하러 나가도 그렇게 크게 부담이 되지 않는다. 점포 운영도 주방과 홀로 나누어서 하면 각 한 명으로 충분히 지도할 수 있다. 이것을 기본으로 인원수만 조정할 수 있으면 2~3개 점포 오픈이라도 가능하다.'

와쿠이는 직영점 운영을 상기하면서 자기가 지원 나갔을 때 순조롭게 개점할 수 있는지를 상정하고 다음과 같이 목표를 설정하였다.

1. 개점시 지원에 대해서는 2명×5일간을 기본으로 한다.
2. 개점까지의 업무분담이나 연수에 대해서는 다음 조건으로 할 수 있는 체제를 정비한다.

① 철저한 점장교육: 현 직영점 점장의 최소수준에 도달하는 수준까지 육성한다.

② 철저한 종업원교육: 필요한 인원 모두에게 연수를 이수, 수료하도록 한다.

③ 점포 내장, 외장 설계로부터 시공업무를 표준화하여 발주업무를 정형화한다.

④ 집기, 비품을 조달하여 일원화시켜 발주~납품까지의 공정을 간소화한다.

⑤ 판촉계획을 표준화하여 툴 운영을 일원화한다.

⑥ 개업 전 스케줄과 실시절차를 표준화하여 담당자가 업무진행을 일원적으로 관리한다.

'밀라노 익스프레스 오픈닝 시스템'은 업무절차의 표준화와 일원화, 인재의 조기육성을 실현하는 것으로 가동한다. 그 결과 경험자 2명이 5일간 지원하는 것만으로 오픈이 가능해진다. 이 시스템만 있으면 지금 조직으로도 충분히 대응할 수 있는 수준이 된다.

히가시다는 와쿠이에게서 보고를 받자 최근 몇 주 동안의 고민이 한번에 날라간 느낌이 들었다.

"그래. 당장 조건정비에 들어가지요. 와쿠이씨, 각 담당부서와 조정하여 구체적인 스케줄과 책임자를 선정해 주세요."

"알겠습니다. 기획, 영업, 인사, 교육 각 부서에 걸친 내용이니까 부장님이 간부회의에서 협력을 요청해 주셨으면 합니다."

"OK, 간부회의에는 다음 주에 설명할게요. 우선 담당 후보자 선정만 해 놓읍시다."

다음 간부회의에서는 오픈닝 시스템의 개요와 조건정비를 위한 협력 의뢰가 이의 없이 승낙을 받아 와쿠이가 선정한 각 담당자가 모여 '밀라노 익스프레스 오픈닝 시스템 구축 프로젝트'를 발족시킬 수 있었다.

프로젝트의 실질적인 책임자는 와쿠이. 그가 전체 진행 상황을 관리하여 내년 3월까지 완전한 형태로 출범할 수 있도록 업무를 진행시키는 것도 승낙되었다.

간부회의를 마치고 책상에 돌아온 히가시다는 고민거리가 해소돼서 그런지 평소보다 더 명랑해졌다.

"매주라도 매일이라도 전국 어딘가에서 밀라노 익스프레스가 오픈될 수 있다!"

노래를 부르듯이 되풀이 발하는 히가시다를 보고

"부장님, 괜찮으세요?"

라고 와쿠이가 놀렸다.

"아니, 와쿠이씨 덕분에 일이 잘 될 것 같아. 정말 고마워요."

"천만에요. 그러나 정말 시스템을 만드는 것은 지금부터 해야 할 일입니다. 열심히 해야지요."

□ 프랜차이즈 성공 STEP 6 FRANCHISE

장차 가맹점 증가에 대응하여 본부 인프라를 선행적 · 계획적으로 정비하는 것은 프랜차이즈 성공을 위한 큰 단계(Step)이다.

직영점을 한해 수개 점포만 출점한다면 본부 인프라는 그 때 상황에 따라 정비해 가면 된다. 그러나 프랜차이즈 전개에서 몇십, 몇백이라는 가맹점이 증가하는 경우엔 그럴 수는 없다. 특히 가맹점 개업시부터 통상적 영업을 위한 인프라 부분은 선행적으로 정비를 진행시켜야 한다.

상품이나 원료, 자료 등의 공급시스템, 수발주 및 경리 처리는 물론 커뮤니케이션 툴로서의 정보시스템과 개점을 위한 본부지원제체가 본부 인프라로서 가맹점 개점까지 최소한 필요한 요소이다.

■ 공급시스템의 정비

어떤 사업이든 프랜차이즈 체인의 경우 본부로부터 가맹점에 대한 '무엇인가'가 공급이 된다. 그 '무엇인가'를 효율적으로 문제없이 계속적으로 공급할 수 있는 시스템의 정비가 본부 인프라의 첫걸음이 된다.

공급시스템 정비단계는 다음과 같다.

① 최종적으로 지향하는 규모를 규정

② 최종적으로 전개하는 지역을 설정

③ 규모와 전개지역에 대응하여 중장기적으로 구체적인 확대목표를 설정

④ 본부로부터 공급하는 '무엇인가'를 설정

⑤ 수발주의 타이밍과 공급빈도를 설정

⑥ 공급(주로 보관, 물류)에 관하여 이용하는 시설 · 조직을 선정(사내외를 불문하고)

공급시스템구축에 있어서는 비용에 대응한 지역마다의 최소 필요한 규모를 산정하여 개발계획에 반영시켜야 한다.

■ 정보시스템

정보시스템은 경영을 신속하게 하는 최적의 툴이고 프랜차이즈 시스템에 있어서도 필요불가결한 것이다. 최근에는 '프랜차이즈 시스템 = 정보 네트워크'라고 할 정도로 중요성이 강조되고 있다.

세븐일레븐을 비롯하여 성공한 프랜차이즈 본부 대부분은 아주 발달된 정보시스템을 구축하고 있다.

그러나 정보시스템 개발에는 많은 비용과 시간이 필요하다. 또한 외부에 맡겨 놓기만 하면 사용할 수 없게 될 수도 있다.

정보시스템구축을 성공시키는 포인트는 다음과 같다.

① 시스템의 목적을 명확하게 한다.

② 목적을 명확하게 함으로써 적용범위가 너무 넓거나 불필요한 추가요망이 나오는 것을 방지한다.

③ 시스템의 적용범위를 정한다.

④ 목적에 따라 어느 분야에서 적용시키는지를 명확하게 한다. 적용범위는 하드의 비용이나 인건비를 감안해서 검토한다.

⑤ 도입스케줄을 명확하게 한다,

시스템을 중간에서 변경하거나 회사내 동의가 늦어지거나 개발업자의 능력부족 등으로 스케줄이 지연되는 일이 많다. 이것은 가맹점 확대에는 큰 영향을 미칠 수도 있는 일이다.

■ 오픈닝·서포트 시스템

프랜차이즈 가맹점주는 보통 그 사업의 경험이 없는 자가 많다. 아무리 사전에 연수를 받아도 본부 지원이 없으면 개업이 불가능하다. 그래서 문제없이 오픈을 효율적으로 시포드할 수 있는 다음과 같은 시스템이 필요하다.

① 책임자·종업원이 필요수준으로 도달하는 것을 의무화하기 위해 오픈 전에 철저한 연수 실시

② 점포(사업소)의 설계 ~ 시공에 관한 업무의 표준화와 발주의 정형화

③ 집기·비품 등의 조달 일원화와 발주 ~ 납품의 표준화

④ 광고·선전, 판촉계획의 표준화와 실시의 일원화

⑤ 상품, 재료, 자재 등의 발주와 진열 등의 표준화

⑥ 개업 전 스케줄과 실시절차의 표준화 및 본부담당자의 명확화

⑦ 업무진행의 일원관리체제의 구축

⑧ 개업시 본부 지원업무의 표준화

⑨ 개업목표를 기초로 한 본부지원인원 리스트 구축

오프닝 서포트 시스템을 순조롭게 가동하려면 사업 연수의 정비와 개업 전·개업시의 업무표준을 명확하게 하는 것이 전제조건이 된다.

chapter 7

프랜차이즈는 '사람' 만들기가 생명 : 인재교육의 중요성

▶ 슈퍼바이저의 역할이란?

"히가시다 부장, 무슨 일이야? 이 시간에"

"앗, 사장님. 수고 많으십니다. 이 근처에서 세미나에 참석하고 오는 길인데, 요즘 긴자점 빼고는 거의 찾아가지 않아서 오랜만에 들렀습니다."

밀라노 익스프레스 아오야마점에서 미야타와 히가시다

가 우연히 만났다.

"커피 한 잔 어때?"

두 사람은 커피를 주문하고 빈 자리에 앉았다.

"일이 순조로운 모양이지? 그런데 무슨 세미나에 참석하고 왔어?"

"예, 인재육성이라는 주제로 다테씨가 소개했는데, 좋은 참고가 되었습니다. 아무리 조직이나 시스템을 만들어도 움직이는 것은 사람이니까요. 프랜차이즈 전개에 있어서도 역시 인재육성이 중요한 포인트가 될 것 같습니다."

"그래. 맞아. '기업은 바로 사람이다'라는 말이 있듯이 인재육성은 기업에 있어서 핵심과제라고 할 수 있어. 그런데 그 점에 대해서도 뭐 생각하는 게 있나 보지? 지난번 다테씨와 미팅에서 그런 이야기가 나왔던 것 같은데."

"아뇨, 아직 시작하지 않았습니다. 느긋하게 있을 수는 없는 건 잘 압니다만."

"그래. 와타나베 부장한테는 내가 말해 놓을 테니 같이 협력해서 일을 추진해봐."

"예, 감사합니다."

주위의 테이블에 손님이 차기 시작하는 걸 보고 두 사람은 일어났다.

"히가시다 부장님, 슈퍼바이저라는 게 어떤 역할을 하는 사람인지 아시겠습니까?"

다테가 회의 중에 갑자기 히가시다에게 물어본 건 본사 앞에 있는 벚꽃잎이 떨어지는 계절이 되었을 무렵이었다.

"영어를 그대로 번역하면 감독자를 의미하는 말입니다. 프랜차이즈 체인에서는 좀 더 넓은 의미로 사용해서 가맹점에 대한 지도, 감독, 지원 등을 담당하는 본부 스태프를 가리키는 말입니다."

"예, 맞습니다. 예정대로 내년 3월 가맹점 모집을 시작하면 6월쯤엔 오픈하는 점포가 나옵니다. 그 시점에 슈퍼바이저가 필요하게 됩니다. 즉 그 때까지 최소한 한 명 정도는 슈퍼바이저를 육성해야 한다는 것입니다."

현재 밀라노 익스프레스에는 슈퍼바이저가 없었다. 점포운영의 책임자는 점장이고 본부 스태프가 각 점포를 담당하고 지도・감독하는 기능은 없었다.

그러나 프랜차이즈 본부에는 가맹점이 본부 방침에 따라 적절한 운영을 하도록 지도・감독하는 기능이 불가결하다. 밀라노 익스프레스도 당연히 슈퍼바이저 제도를 도입해야 했다.

"알겠습니다. 예전부터 선생님이 가르쳐 주신 내용에 따라 우리 회사에 맞는 슈퍼바이저 제도를 한번 생각해 보겠습니다."

회의를 마친 히가시다는 다테한테 배운 슈퍼바이저의 기능을 다시 정리하고 와쿠이와 함께 자사에 맞는 제도를 검토했다. 그 결과 정리된 것이 다음 '밀라노 익스프레스 슈퍼바이저 시스템'이다.

【밀라노 익스프레스 슈퍼바이저 시스템 개요】

- 명칭: 밀라노 익스프레스 슈퍼바이저 시스템
- 목적: 가맹점이 본부방침에 따라 올바르게 점포를 운영하고 결과적으로 영속적으로 번창하는 것을 지향한다.
- 의미: 가맹점의 운영이 본부방침에 따라 올바른 점포운영을 하도록 적절한 지도, 조언, 지원, 관리를 하기 위한 본부 구조를 가리킨다.
- 필요한 기능: 컨설턴트(Consultation), 카운슬링(Counseling), 커뮤니케이션(Communication), 조정(Coordination), 컨트롤(Control), 프로모션(Promotion) 기능
- 인재육성: 다테씨가 주재하는 슈퍼바이저 과정을 사내에 설치, 운영하여 실시

● 조직

- 총괄매니저: 슈퍼바이저 전체를 총괄하여 가맹점전체 운영을 책임진다.
- 지역매니저: 지역(Area)을 총괄하여 지역내 가맹점 운영을 책임진다.
- 슈퍼바이저: 가맹점을 직접 담당하여 담당가맹점 운영을 책임진다.

· 지역(Area)에 대해서는 50개 점포를 기준으로 설정한다.

· 슈퍼바이저의 담당 점포수는 평균 5개 점포를 기준으로 설정한다.

· 슈퍼바이저 순회는 최소한 월2회 실시한다.

· 순회시 업무표준은 슈퍼바이저 업무매뉴얼에 의거한다.

· 슈퍼바이저의 자격요건은 직영점 점장경험자, 아니면 본부 스태프 경험 2년 이상인 자로 간부회의 승인을 받은 자로 한다. 단 슈퍼바이저 과정 수강을 전제로 한다.

· 각 매니저에 대해서는 슈퍼바이저 경험자 또는 본부관리직 이상인 자로 간부회의 승인을 받은 자로 한다. 단 슈퍼바이저 과정 수강을 전제로 한다.

슈퍼바이저의 자격요건이나 연수시스템에 대해서 인사·교육담당인 와타나베가 몇 가지 질문과 요청사항을 말하였고, 결과적으로는 대체로 원안대로 진행하는 것으로 간부회의에서 승인되었다.

그러나 시스템 개요는 정리되었으나 실제로 슈퍼바이저가 활동하기 위해서는 준비해야 할 것이 산더미 같았다. 출범시까지 업무 매뉴얼과 과정의 커리큘럼을 완성시켜야 했다.

▶ 슈퍼바이저의 적성

간부회의에서 승인을 받은 후 히가시다는 바로 와쿠이에게 슈퍼바이저 매뉴얼을 작성하도록 지시했다. 점포업무와 동떨어져 있는 와쿠이 혼자서는 무리가 있으니 직영점 점장 2명을 어드바이저로 불러 매뉴얼 작성을 위한 임시기구를 구성했다. 히가시다로서는 2명의 점장을 장래 슈퍼바이저 후보로 생각했다.

한편 슈퍼바이저 과정 설치에 관해서는 사내 멤버만으로는 감당하기가 힘들다. 다테에게 맡겨서 커리큘럼 작성까지 부탁했다. 실제 연수가 시작하는 것은 내년 봄 가맹점모집 개시 전후가 되겠으나 커리큘럼과 더불어 교과서나 강사에 대해서도 고려해야 했다.

첫해에 50개 점포가 오픈한다면 1년 동안에 최소한 10명의 슈퍼바이저를 육성해야 한다. 히가시다와 와쿠이는 슈퍼바이저 인선이 새로운 고민거리가 되었다.

"나머지 4~5개월안에 준비를 완료하여 인선을 마쳐야 되겠어요. 봄에는 최소 2명 정도 멤버를 확보해야 할 것 같은데요. 와쿠이씨는 누가 적임자라고 생각해요? 본부, 점포, 어디서 뽑아도 괜찮은데…."

"글쎄요…."

와쿠이는 조금 생각하다가

"제가 입후보할까요. 영업경험이 조금 모자라지만 지난 번 정리한 슈퍼바이저의 요건을 보면 그런 대로 적임이라고 생각하는데요."

"생각해 볼게요. 와쿠이씨 이외에는 없을까?"

최근 몇 개월 와쿠이가 활약하는 모습을 보고 히가시다는 그를 프랜차이즈 본부의 기획부문 책임자로 하려고 생각했었다. 슈퍼바이저에 대해서는 영업부장 시절의 부하를 생각하고 있었다.

슈퍼바이저 적성 테스트

분류	번호	항목
communication	1	늘 밝고 큰 소리로 인사하고 있습니까?
	2	다른 사람 이야기를 들을 때 꼭 마지막까지 들으려고 합니까?
	3	다른 사람과 이야기할 때 말 이외의 표정, 태도에서 많은 것을 읽을 줄 압니까?
	4	상대가 자기 말을 이해하는지 아닌지를 늘 신경씁니까?
	5	상대가 말할 때 자주 맞장구칩니까?
	6	상대가 이야기하기 전에 자기 생각을 반드시 정리합니까?
consulting	7	자사 사업의 차별화된 노하우를 올바르게 설명할 수 있습니까?
	8	문제가 일어났을 때 그 원인을 능숙하게 분석 할 수 있습니까?
	9	자기가 갖고 싶은 정보를 짧은 시간에 입수할 수 있습니까?
	10	손익계산서를 스스로 작성할 줄 압니까?
	11	실제로 담당 사업을 운영한 적이 있습니까?
	12	새로운 관리수법과 마케팅수법에 관심이 있습니까?
counseling	13	주위 사람이 부탁하면 선선히 상담해 주는 편입니까?
	14	상대가 당신에게 무엇을 기대하는지 잘 압니까?
	15	주위 사람에게 용기를 주는 언행이 많습니까?
	16	부하를 빈번하게 칭찬해 주는 편입니까?
	17	주위 사람과 가족 일, 개인적인 이야기도 자주 합니까?
	18	늘 상대방의 장점을 찾으려고 노력합니까?
coordination	19	사내 조직이나 업무분담에 정통하고 있습니까?
	20	사내 사람들이 신뢰합니까?
	21	업무를 추진하는 데 있어 주위사람들의 도움을 잘 받습니까?
	22	새로운 일을 시작할 때 주위사람들을 잘 이해시킬 수 있습니까?
	23	시간이나 약속을 무슨 일이 있어도 지킵니까?
	24	항상 상대방 장점을 찾으려고 노력합니까?
control	25	일을 부탁했을 때 꼭 그 진행상황을 확인합니까?
	26	목적이나 납기를 늘 명확히 하고 일을 의뢰합니까?
	27	담당사업의 업무흐름에 대해 올바른 지식을 갖고 있습니까?
	28	시간이나 약속한 일에 대해서는 엄격하다는 소리를 듣습니까?
	29	자기 행동계획을 1개월 단위로 세웁니까?
	30	늘 주위사람들이 보고하기 쉬운 분위기를 만들고 있습니까?
promotion	31	마케팅 활동을 적극적으로 제안하는 것을 좋아합니까?
	32	부하의 일에 대한 의욕을 돋우는 이벤트를 자주 실시합니까?
	33	업무 외 일이라도 세상 돌아가는 것에 민감한 편입니까?
	34	손님과 직접 접하는 것을 좋아합니까?
	35	사원여행의 총무 같은 일을 자주 맡아서 하는 편입니까?
	36	자기 꿈을 말할 수 있습니까?

“적성에 대해서도 다테씨에게 물어봐야겠어요. 와쿠이씨, 당장 다테씨에게 슈퍼바이저의 적성을 측정하는 체크 항목을 물어봐 줄래요.”

“예, 그렇게 하겠습니다.”

와쿠이가 다테 사무실에 연락하자 바로 체크리스트가 송부되어 왔다. 히가시다는 각 항목을 확인하면서 자신이라면 어떤지 생각하면서 체크해봤다.

“이거 큰일이네. 슈퍼바이저란 건 완전 슈퍼맨이잖아. 와쿠이씨도 해당되는지 체크해 봐요.”

와쿠이도 넘겨받은 체크리스틀 보고 기가 질렸다.

“부장님, 이걸 다 완벽하게 소화해내는 사람은 사장님밖에 없을 겁니다.”

“그래요. 지난 번 다테씨도 ‘프랜차이즈 본부에 있어서 최고의 슈퍼바이저는 사장 자신이다. 따라서 얼마나 많은 사장을 만드는지가 슈퍼바이저 제도를 성공시키는 열쇠’라고 하셨던 게 생각나요.”

“역시 저는 후보에서 빼주세요. 슈퍼맨은 되기 힘든 것 같아요.”

“하하… 그래요. 인선에 대해서는 천천히 생각해 보지요.”

히가시다는 웃으면서 대답했다.

▶ 점장·점원교육의 중요성

"히가시다 부장, 시간 좀 있나?"

사장인 미야타가 드물게도 히가시다가 있는 데스크까지 찾아와 말을 걸었다.

"예, 사장님, 일이 좀 풀리지 않아서 기분전환이라도 하려던 참이었습니다."

"그래, 뭐가 풀리지 않는 거야? 자네도 이럴 때도 다 있군."

"아니오, 늘 풀리지 않을 때마다 주위사람들이 도와줍니다. 하지만 지금과 같이 경험이 없는 것들 위주로 이것저것을 해결하려니까 솔직히 힘이 많이 듭니다."

"이번엔 뭐 때문에 고민하는데?"

"예, 밀라노 익스프레스는 체인점으로서 운영되니, 어디를 가더라도 당연히 같은 이미지의 점포, 상품, 서비스를 갖춰야 합니다. 그러나 거기에 지역밀착형의 영업이 추가되어야 만이 점포가 번창한다고 다테씨가 말했습니다."

"맞아, 현재 있는 직영 10개 점포도 같은 이미지로 영업하지만 가장 중요한 것은 많은 고정고객을 만들고, 지역에 밀착한 영업활동을 하는 것이야."

"그렇다면 슈퍼바이저도 중요하지만 평상시에 점포를 운영하는 멤버, 특히 점장의 역할이 상당히 크다고 봅니다. 지금까지는 직영점만 있었으니까 업무와 교육이 동시에 진행되는 OJT(on-the-job training)로 몇 개월에 걸쳐서 교육하면 그런 대로 레벨을 향상시킬 수 있었습니다. 그러나 프랜차이즈의 경우 한정된 기간에 한번에 레벨을 향상시켜야 됩니다. 그런데 현재 우리 회사에는 그런 구조가 없습니다."

"응, 맞아. 프랜차이즈 비즈니스는 교육산업의 측면을 갖는다고 다테씨가 말했어. 교육시스템이 제대로 안 돼 있는 본부는 성공할 수 없다던데."

"점장을 비롯하여 각 점포의 크루(crew)의 역할도 중요합니다. 그 역할을 완전히 수행할 수 있는 구조가 없으면 우리가 추구하는 운영이 불가능해집니다."

"그렇다면 뭘 정비해야 가능해지는 걸까?"

"글쎄요. 점장이나 크루의 업무를 명확히 하고 업무를 완전수행 할 수 있도록 교육하는 시스템이나 매뉴얼이 필요하겠죠."

"히가시다 부장, 이미 다 알고 있잖아. 지금 말한 것들을 토대로 하면 다 해결되겠는걸, 뭘."

"아, 그렇긴 하지만…. 하지만 사장님 그렇게 쉬운 일이 아닌 것 같습니다."

"쉽지는 않겠지만 지금까지도 이 같은 일을 다 극복해 왔잖아. 이 분야라면 우리화사에 전문가가 있잖아, 와타나베 부장한테 상담해 봐. 그에게는 예전부터 교육시스템을 다듬으라고 말해 놓았으니까 그렇게 시간이 걸리지 않을 거야."

"감사합니다. 좀 기분이 풀렸습니다. 역시 사장님한테 의논하는 게 최고의 지름길인 것 같습니다."

"그렇게 칭찬해도 아무것도 안 나와. 앗, 가만히 생각해 보니까 나는 이런 이야기를 하러 온 게 아니고…. 히가시다 부장, 지금 이야기 한 내용은 서둘러 정리하도록 하고 슬슬 내년도 경영계획을 검토할 시기가 다가왔으니까 프랜차이즈 본부로서의 수지를 예측해줬으면 하는데."

"벌써 그럴 때가 되었나요?"

"다음 분기는 프랜차이즈 본부가 본격적으로 출범하기 때문에 평소보다 약간 빨리 계획을 검토하려고. 선행투자적인 자금도 필요하니까 올해 안에 기본방침을 정리하고

2월에는 최종계획을 작성하려고 생각해. 벌써 올해도 한 달밖에 안 남았으니까 정말 시간이 많이 없지만."

"알겠습니다. 서둘러 정리하고 보고하겠습니다."

"응, 부탁할게. 그렇게 고민하지 말고 의논할 게 있으면 언제라도 이야기 하라고."

미야타는 아까 고민에 빠졌던 히가시다의 얼굴을 상기하면서 자리로 돌아갔다.

"벌써 그런 시기구나. 남 속도 모르고 자꾸 시간만 지나가네. 하지만 우선 점장과 크루의 교육건을 해결해야지."

히가시다는 이렇게 말하면서 자리에 앉았다. 경영계획 재검토를 위한 수지분석의 보고서 작성에 대해서는 와쿠이한테 맡기려고 생각했다.

▶ 점장업무 매뉴얼의 작성

밀라노 익스프레스에는 정리된 점장업무 매뉴얼은 없었다. 단지 미야타가 창업시에 만든 점장 수칙이 바이블과 같은 존재가 되어 있었다.

【밀라노 익스프레스 점장 수칙】

① 밀라노 익스프레스의 점장은 점포에 있어서의 최고지휘관이며, 점포운영에 관한 모든 책임을 져야 한다.

② 밀라노 익스프레스 점장은 손님의 행복한 시간을 위해 희생·봉사해야 한다.

③ 밀라노 익스프레스 점장은 일하는 자의 아버지이자 어머니이자 형이고 누나이어야 한다.

④ 밀라노 익스프레스 점장은 상품, 서비스에 있어서 최고의 창조자이어야 한다.

⑤ 밀라노 익스프레스 점장은 기업가이자 경영자이어야 한다.

히가시다는 이 수칙을 참고로 업무 매뉴얼을 만들기로 했다. 그는 점장업무와 같은 영업의 실제에 관한 테마에 대해서는 자신감을 가지고 있었다. 영업부장을 맡기 전에 긴자점 점장을 맡고 있었고 현재 점장업무의 원형도 히가시다가 미야타의 지시를 받아 만들어 낸 것이었다.

이렇게 히가시다는 점장업무 매뉴얼 작성에 착수하였다.

그는 1주일 후에 매뉴얼을 완성하였다. 꽤 많은 양이 되었지만 자신의 전문분야라서 와쿠이한테 도움도 안 받고 해냈다.

【밀라노 익스프레스 점장업무 매뉴얼(발췌)】

1. 점장 수칙
2. 점장업무의 기능분류
   ① 기본기능: 고객만족향상기능
   ② 계획기능: 순익계획책정/마케팅 전략책정/인재채용·육성, 조직계획책정
   ③ 관리기능: 목표관리(고객만족, QSC, 재무, 마케팅, 인재 채용·육성·조직)/고객정보관리/커뮤니케이션관리
3. 기능에 따른 실제의 업무 일람
4. 업무에 따른 절차와 유의점(부록: 업무 표준안)

'해냈어! 나도 제법인데. 이런 매뉴얼을 혼자 만들 수도 있다니. 그것도 1주일이란 짧은 기간에.'

기뻐서 어쩔 줄 모르는 히가시다에게 와쿠이가 훼방하듯이 말하였다.

"부장님, 축하합니다. 하지만 오히려 중요한 것은 연수방법입니다."

"알아요. 하지만 지금만이라도 좋은 기분으로 있게 해줘야지. 일에는 단기적인 달성감이 중요하다니까."

히가시다도 단순하게 기뻐할 수 없다는 건 알고 있었

다. 매뉴얼은 점장을 육성하는 도구의 하나에 불과하다.

"와쿠이씨 말대로 당장 그 교육을 위한 방안들을 고민해야겠지? 와타나베 부장과 고바야시 부장한테 연락 좀 해주세요."

다음 날 히가시다는 와타나베, 고바야시, 그리고 와쿠이를 포함한 네 명을 모아 앞으로 점장 육성을 어떻게 진행할 것인가에 관해서 논의하였다.

매뉴얼의 실천과 수정은 긴자점과 시부야점에서 시험적으로 실시해보고 1월 안에 완성판을 마무리하자고 정했다. 연수 커리큘럼은 인사·교육부에서 올해 안에 원안을 작성하여 1월 안에 완성하기로 하였다. 그리고 2~3월에는 점장 후보자를 몇 명 뽑아 실제로 연수를 실시하여 검증하기로 하였다.

▶ 점장의 연수제도

창업한 지가 아직 5년밖에 안 되는 밀라노 익스프레스에는 제대로 된 인사제도가 없다.

아르바이트로 들어와 어느덧 정규직 사원이 되기도 하고, 승진이나 부서 이동도 정기적으로 이루어지지 않고 명확한 기준이 없었다.

하지만 와타나베는 여러 가지로 문제가 많았던 밀라노 익스프레스의 인사제도를 업계에서도 가장 앞서가는 훌륭한 제도로 쇄신하고 있었다. 일하는 자의 활력을 유지하면서도 철저히 실력주의를 채택하여 평가와 대우가 제대로 된 인사제도였다. 출범한 지 얼마 안 되어 현재는 본격적으로 가동하기 위한 테스트기간이었다. 와타나베는 요즘 몇 개월 동안 이 업무에 쫓기어 다른 일에 신경 쓸 겨를이 없었다.

원래 유명 체인본부에서 일급 트레이너를 담당했던 와타나베는 교육 전문가였다. 하지만 밀라노 익스프레스는 대규모 체인처럼 한 사람이 한 가지 업무만을 전문적으로 담당할 여유가 없었다. 와타나베도 입사 이래 인사·교육부장으로서 인사와 교육전반에 관한 많은 업무를 담당 해왔다.

교육의 전문가인 그는 입사하자마자 크루매뉴얼을 정리하였는데, 현재 점장이나 크루 연수에 관해 아주 불만스러웠고 당장이라도 개신하고 싶었다. 매뉴얼체계도 정비되지 않았고 트레이너의 육성도 불충분하였다.

그런데 밀라노 익스프레스가 우선적으로 해결해야 할 사항은 인사제도 구축과 사업의 급속한 확대에 동반하는 인재 채용이었다. 간부회의를 통해 올해 봄 시작한 프랜차이즈화를 위한 작업의 진행상황을 들을 때마다 연수체제를 정비할 수 있는 여유가 없는 자기 자신이 답답해서 어쩔 수 없었다.

와타나베는 히가시다한테 회의 의뢰가 왔을 때 이 주제에 대한 일을 못하였던 것을 후회하는 마음과 이번 기회에 한번에 만들어낼 수 있을 거라는 기대감이 교차하였다. 또한 프랜차이즈 담당을 결정할 때 히가시다의 적극적인 자세에 밀려 손을 들 수 없었던 것도 있고 해서 이번에야말로 잘 해야겠다 라는 생각이 있었다.

4명이 모여 회의하는 자리에서 점장연수 커리큘럼 의뢰를 받은 와타나베는 확실히 약속하였다.

"최우선으로 하겠습니다. 히가시다 부장. 이 같은 훌륭한 매뉴얼을 단기간에 만들어내다니 대단하십니다."

와타나베는 점장업무 매뉴얼을 보면서 히가시다가 1주일 내에 완성시켰다는데 정말 놀랐다.

"감사합니다. 칭찬해 주실 만한 내용인지는 자신이 없지만."

히가시다는 와타나베 말을 듣고 해맑은 표정을 지으며 기뻐했다.

와타나베가 히가시다 일행과 회의를 마치고 자기 자리에 돌아와 자리에 앉았을 때는 이미 인사·교육부 스태프들은 모두 퇴근한 후이었다.

그는 예전 재적했던 체인본부 연수체계를 확인하기 위해서 서랍 뒤쪽에 있던 자료를 꺼냈다. 그 자료와 점장 업무매뉴얼을 종이봉투에 담아 와타나베는 퇴근할 준비를 하였다.

'내일부터 쉬는 날이니 집에서 본격적으로 생각해보자. 이번엔 마냥 쉴 수가 없겠는걸….'

와타나베는 일벌레는 아니었지만 해야 할 일을 위해 휴가를 반납하는 정도의 일은 당연하다고 생각했다. 밀라노 익스프레스에는 이 같은 생각을 가진 직원이 자연스럽게 모여 있었다.

다음 날 휴가를 반납하여 아침 일찍부터 자택 컴퓨터로 점장연수 커리큘럼과 연수 트레이너의 요건을 작성하였다. 전문분야이니 만큼 작업은 빨랐지만 그래도 그렇게 간단하게 끝나는 일이 아니다. 토요일 아침부터 방에 틀어박혀 겨우 일요일 저녁 늦게야 일을 마쳤다.

"겨우 끝났다. 정말 지치는군. 하지만 이제 히가시다 부장한테 당당하게 내놓을 수 있겠어."

성격이 꼼꼼한 와타나베는 부탁받은 일의 납기가 늦어지는 것을 아주 싫어했다. 히가시다와의 약속보다 결과적으로 1주일이 빨라졌지만 수정할 부분이 나올 것도 감안해서 일요일 중에 완성시키는 것을 목표로 하였다.

와타나베가 정리한 것은 다음과 같은 내용이었다.

【점장연수제도와 점장 랭킹제】

- 점장연수커리큘럼
- 연수수강자격
- 연수기간: Off-JT(업무 없이 교육만) 5일간, OJT(교육 및 업무 병행) 20일간. 테스트는 각 단원마다 실시하여 불합격자에게는 재이수를 의무화한다. 합격자는 점장C에 랭크한다.
- 점장랭킹: C→B→A→S의 4랭크. 초기연수합격자는 C랭크. 랭크상승은 연간실적과 연1회 연수결과에 따라

판정한다.

- 트레이너의 자격인정: 직종별 경험연수와 사내자격에 따라 인정

프랜차이즈 전개를 염두에 둔 이 제도의 중심내용은 육성스피드에 있었다. 지금까지는 OJT중심으로 몇 개월에 걸쳐서 점장을 육성하여 기껏해야 1년에 한 개 점포당 2명 정도 육성하면 잘하는 편이었다. 그러나 이번 연수제도의 정비로 약 1개월 안에 점장을 육성할 수 있게 되었다. 직영점에서 OJT를 실시하기 때문에 10개 점포를 모두 가동시키면 한 달에 10명, 1년에 120명의 점장을 육성할 수 있다는 계산이다.

이것으로 당분간 프랜차이즈 전개에는 충분히 대응할 수 있는 시스템이 정비되었다.

"안녕하세요?"

와타나베는 조례가 끝나자마자 바로 히가시다의 책상을 찾아갔다. 월요일은 조례 때문에 30분 일찍 출근해야 하기 때문에 조례 후라고 해도 평상시 아침과 다름없는 시간이다.

"안녕하세요? 어쩐 일이십니까 부장님, 이렇게 아침 일찍부터."

"지난 번 부탁하신 점장연수제도의 건인데 일단 다 마쳤으니까 설명하려고 왔습니다."

"엣, 지난 주 금요일에 부탁한 건데 벌써."

"예, 그렇습니다. 금요일 부탁하신 겁니다."

"정말 다 하신 겁니까?"

히가시다는 믿기지 않아했다.

"정말입니다. 왜 거짓말을 하겠습니까? 지금부터 설명하려는데 시간은 괜찮습니까?"

"아… 예, 괜찮습니다.

와쿠이씨, 와타나베 부장이 지난 주 회의에서 부탁한 것을 벌써 다 하셨다니까 바로 와 주세요."

"앗, 예! 정말 대단하십니다. 와타나베 부장님."

와쿠이도 히가시다와 마찬가지로 믿기지 않는다는 표정을 짓고 와타나베를 봤다.

"그렇게 칭찬해 주시면 곤란합니다. 마치 제가 일을 못하는 사람 같잖아요."

"그런 뜻이 아닙니다. 하여튼 시작합시다."

세 명은 웃으면서 회의실로 향했다.

▶ 크루매뉴얼

점장연수제도의 설명을 마친 와타나베는 차가워진 커피를 다 마셨다.

"와타나베 부장님, 대단하십니다. 이것으로 앞으로 급격한 점포 확대에도 충분히 대응할 수 있을 것 같습니다. 아… 이제 정말 가맹점이 아무리 많아져도 무서울 것이 없겠습니다."

"감사합니다. 히가시다 부장님, 그런데 점장연수 뿐만 아니라 종업원들, 크루(crew)에 대해서도 재정비하려고 생각하는데요…."

와타나베는 새로운 일을 시작하면 끝을 봐야 하는 성격이었다.

"우리 회사 크루 연수에 대해서는 지금 있는 걸 그대로 사용할 수 있을 줄 알았는데요. 그래서 지난 번 회의 때도 논의하지 않았습니다만."

"예. 어디 갖다 내놓아도 그렇게 손색 있는 내용이 아닙니다. 그래도 아직 좀 더 개선할 여지가 있는 것도 사실이니까 이번 기회에 다 정리하고 싶습니다."

"그럼, 부탁합니다. 이렇게 와타나베 부장이 열심히 해

주시니까 감격스럽습니다."

밀라노 익스프레스에서는 크루 육성에 관해서 꽤 높은 수준의 시스템이 정비되어 있었다. 크루 다기능화와 조기 육성이라는 주제에 따라 모든 업무를 최장 한 달 안에 습득할 수 있도록 만들어져 있었다.

점포업무 매뉴얼은 주방과 홀에 대해서도, 문을 열고 닫을 때까지 모두 세세히 규정되어 있었다. 보통 홀 따로 주방 따로 전문화되어 있는 데가 많았지만 밀라노 익스프레스는 반대였다. 그러나 덕분에 인원이 비교적 적고 근무시간 계획도 편하게 짤 수 있었다.

눈 깜짝할 사이에 1주일이 지났다. 그 동안 와타나베는 일상적인 업무에 쫓기고 있었다. 결국 크루 육성제도의 점검을 시작한 건 다음 휴일이었다.

와타나베는 지난 주처럼 아침식사를 하고 바로 서재에 틀어박혔다. 우선 들고 온 크루매뉴얼의 내용을 체크하고 수정할 부분을 찾아내는 일부터 시작했다.

크루매뉴얼은 미야타를 중심으로 창업당시부터 조금씩 쌓아올린 내용을 와타나베가 지금 형태로 정리한 것이다. 현재 밀라노 익스프레스의 효율적인 점포운영을 위한 바이블과 같은 존재가 되어 있었다. 그러나 최근에는 개정되지 않아 현실에 맞게 수정할 필요가 있었다.

이 매뉴얼에 따르면 실질적으로 20일 안에 누구나 제대로된 크루를 육성할 수 있다. 보통 홀 업무만으로도 한 달 가까이 걸리는 경우가 많지만 매뉴얼만 있으면 1주일 안에 할 수 있는 것이다.

직원이 새로 들어오면 보통 과도한 인원배치를 하는 경향이 있다. 그러나 밀라노 익스프레스는 각 스태프가 혼자서 할 수 있는 업무를 파악하니까 필요이상의 시간배정과 근무배치는 드문 편이다. 결과적으로 언제나 최소한의 인원으로 효율적인 점포운영을 할 수 있다는 것이다.

더군다나 새로 들어온 직원도 한 달만 있으면 제대로 일을 할 수 있게 되니까 인원배치 때문에 어려움을 겪는 일은 거의 없었다.

이건 밀라노 익스프레스의 아주 큰 장점으로 서비스 수준을 일정하게 유지하는 것을 가능케 했다. 크루의 다기능화와 조기육성을 위한 연수 시스템이야말로 성공을 위한 큰 열쇠라고 할 수 있다.

그러나 그 시스템도 서서히 타성에 젖어 진부하게 느껴지기 시작했었다.

'상품지식편과 업무내용은 실태에 맞춰서 정기적으로 수정하지 않고서는 바로 진부해진다. 매뉴얼 책임부서를 명확하게 하지 않았던 내 책임이다. 앞으로 인사·교육부 책임으로 정기적으로 개정을 해야겠어.'

와타나베는 영업부에 확인할 사항을 찾으면서 실태와 매뉴얼의 상이점을 체크했다. 1년 이상 개정하지 않으면 얼마나 많이 변경해야 하는지를 실감하면서 이번 휴일 동안에 개정할 계획을 세웠다.

▶ 매뉴얼은 프랜차이즈 전개의 바이블

와타나베는 크루매뉴얼 개정을 마친 후 히가시다와 연수실시를 위한 회의를 했다. 올해도 3일밖에 안 남았고 여유가 없다. 사람들은 이제 일을 마무리하고 긴자 거리는 연말 분위기로 북적거리고 있었다.

밀라노 익스프레스 각 점포는 연말에도 말일까지 영업한다. 본사도 30일까지는 출근한다. 단지 이 시기가 되면 평소와 같은 긴장감과 끊임없이 걸려오는 전화벨 소리는 없었다.

필요한 연수 시스템과 매뉴얼의 정비계획표

주제	매뉴얼	담당부서	완성 목표
① 점장	점장업무 매뉴얼 인사·노무매뉴얼 마케팅매뉴얼	끝났음 인사·교육부 영업부	끝났음 2월 2월
② 크루	크루매뉴얼 사무처리매뉴얼	끝났음 프랜차이즈 담당	끝났음 1월
③ 슈퍼바이저	슈퍼바이저매뉴얼 마케팅매뉴얼 부진한 점 대응 매뉴얼	프랜차이즈 담당 영업부 영업부	2월 2월 2월
④ 본부스태프	본부 사무처리매뉴얼 정보시스템관리매뉴얼	프랜차이즈 담당 시스템 담당	1월 5월

두 사람은 평소보다 조용한 본사 사무실에서 연수실수를 위한 최종검토에 들어갔다. 회의는 와쿠이와 인사·교육부 부하직원 한명이 같이 했다.

"그럼 프랜차이즈 전개에 있어서의 연수를 실수하기 위해 앞으로 어떻게 진행할 것인지에 대해 검토하고자 합니다. 현재까지 마친 건 점장 연수시스템과 신인 스태프나 아르바이트를 위한 크루 연수시스템입니다. 다른 필요한 내용을 찾아 작성하기 위해 스케줄화를 하고자 합니다.

회의 서두에서 히가시다가 주지를 설명한 데에 이어 와타나베가 준비해 온 리포트를 꺼내 설명을 시작하였다.

"제가 정리한 '프랜차이즈 전개에 있어서 필요한 연수 시스템과 매뉴얼'이라는 일람이 있는데 그것을 바탕으로 해서 검토해 주셨으면 합니다. 주제별로 칠판에 쓰겠습니다. 담당부서와 완성목표를 정하고자 합니다."

"점장과 크루의 연수에 대해서는 다 마쳤지만 다른 건 아직 부족한 게 많습니다. 완성시기는 프랜차이즈 가맹점의 모집개시를 목표로 하고 있습니다. 하지만 한번 만들면 끝나는 일이 아니기 때문에 하나의 매듭을 짓는다는 의미로서의 목표입니다. 담당부서는 각 업무에 가장 정통하는 부서를 골랐는데 이 회의에 참가하지 않는 부서에 대해서는 개별적으로 책임자에게 의뢰하고자 합니다."

"와타나베 부장님, 연수는 당연히 필요하다고 생각하지만 이렇게 많은 매뉴얼이 필요한가요?"

와쿠이가 조금 지루하다는 표정을 지으며 물어보자 와타나베를 대신해서 히가시다가 뭘 지금 와서 그런 소리를 하는가 하면서 대답하였다.

"직영점만으로 전개한다면 이렇게 많은 매뉴얼을 만들 필요는 없을 겁니다. 하지만 프랜차이즈 전개에서는 모든 업무를 표준화하여 누가 해도 일정한 수준을 유지해야 합니다. 뻔히 아는 것까지도 눈에 보이는 형태로 만들어야 해요. 충분히 알면서 뭘….”

“그건 그렇죠. 하지만 종이라는 형식에 매달릴 필요는 없다고 보는데요.”

“그건 맞아요. 비디오건 CD-ROM이건 목적에 맞는 형식을 갖추면 돼요.”

와타나베가 교육의 전문가답게 와쿠이의 의문점에 대답했다.

“만들어도 전혀 쓰여지지 않는 매뉴얼에 대한 이야기를 자주 들어서 소극적으로만 생각했었습니다. 정말 눈에 보이는 형태로 기준을 제시하지 않으면 본부로서 지도를 못합니다. 그 도구로서 매뉴얼이 존재하는 거죠.”

“그래요. 매뉴얼이야말로 밀라노 익스프레스의 바이블이죠. 이를 바탕으로 해서 연수시스템이 있고 실제로 프랜차이즈 전개가 가능해진다는 거죠.”

히가시다는 다테에게 들은 이야기를 하면서 정리하였다.

와타나베는 매뉴얼의 중요성을 설명하고 다른 세 명을 보면서 논의에 일단락을 하듯이

"그럼 내용적으로는 이 정도면 되겠지요?"

라고 연수 주제와 작성해야 할 매뉴얼의 내용, 담당부서, 스케줄에 대해서 확인했다. 회의는 1시간 정도로 종료되었고 와타나베가 칠판에 적은 내용은 수정 없이 결정되었다.

히가시다는 회의실에서 나와 사람이 적어진 사무실을 바라보면서 와타나베한테 말했다.

"모처럼 이렇게 모였으니까 망년회라도 하시죠."

"좋아요. 일단락도 되었고 기분도 좋은데."

네 명은 책상을 정리하고 바로 회사를 나와 자주 다니는 치도리로 향했다. 완전히 잎이 떨어진 벚꽃나무는 거리의 불빛을 받아 희미하게 빛나고 있었다.

□ 프랜차이즈 성공 STEP 7 FRANCHISE

기업에서 가장 중요한 것 중에 하나가 인재이다. 프랜차이즈에 있어서도 본부와 가맹점을 불문하고 사업성공의 열쇠는 사람이다.

프랜차이즈 성공을 위해서는 가맹점이 본부방침을 바르게 이해하여 그 노하우를 틀림없이 실천해야 한다. 그리고 그 실천내용은 본부와 가맹점 쌍방의 인재수준에 크게 좌지우지된다. 즉 본부 슈퍼바이저와 가맹점주가 얼마나 높은 수준으로 업무를 추진할 수 있는지가 큰 관건이 된다.

인재육성을 성공시키기 위해서는 효과적인 교육시스템과 그것을 지탱하는 매뉴얼의 정비가 불가결한 요소이다.

■ 슈퍼바이저

슈퍼바이저란 가맹점과 본부의 영속적인 번영을 목적으로 하여 가맹점이 본부방침에 따라 바르게 운영되도록 적절한 지도, 조언, 지원, 관리를 하는 본부 스태프를 가리킨다.

그 역할은 많지만 주된 기능은 다음 여섯 가지이다.

① 컨설팅 기능 Consulting

② 카운슬링 기능 Counseling
③ 커뮤니케이션 기능 Communication
④ 조정 기능 Coordination
⑤ 컨트롤 기능 Control
⑥ 프로모션 기능 Promotion

본부를 대표하여 가맹점과 접촉하는 파이프 역할을 한다는 점에서 본부조직과 점포·사업소 업무에 정통한 인재가 최적의 자격조건이다.

■ 점장

사업을 성공시키기 위해서는 손님과 접하는 사람들의 역할이 중요하다. 따라서 그들을 관리하는 점장이나 사업책임자가 해야 할 일이 많다.

프랜차이즈 같은 경우 슈퍼바이저가 가맹점에 밀착한다고 해도 한계가 있다. 일상적인 영업활동에 꼼꼼히 대응하기 위해서는 현장지휘관인 점장이 스스로 계획하고 실시하여 관리하는 자율적인 사이클을 만들어야 한다.

점장에게 특히 요구되는 것은 될 수 있는 한 짧은 사이클로 손님의 만족도를 파악, 향상시키기 위해 꼼꼼히 대응하는 것, 라이벌의 출현이나 주변 환경의 변화에 빠르게 대응하는 것이다. 점장이 그 역할을 다하기 위해 필요한 기능은 다음과 같이 광범위하다.

1. 계획기능
   ① 손익계획, 마케팅 전술, 인재채용, 육성, 조직계획의 책정
2. 관리기능
   ① 목표관리(고객만족, QSC, 재무, 마케팅, 인재채용, 육성, 조식)
   ② 고객정보관리
   ③ 커뮤니케이션

■ **교육**

프랜차이즈 비즈니스는 교육산업이라고 할 정도로 인재육성시스템이 중요하다. 슈퍼바이저와 가맹점 점장의 육성이 그 중심내용이 되지만 점포종업원의 육성도 마찬가지로 중요하다. 이하 교육시스템 구축에 있어서의 요점을 살펴보자.

1. 각 분야의 '사람'이 도달해야 할 목표수준을 명확히 한다.
2. 가능한 한 단기간에 육성할 수 있는 커리큘럼을 구축한다.
3. 기준이 되는 매뉴얼을 만든다.

4. 트레이너를 통해 차이를 없앤다.
5. 트레이닝 시설을 준비한다.
6. OJT를 위한 모델 점포를 준비한다.
7. 책임자를 명확히 하고 교육시스템을 늘 정비한다.

■ 매뉴얼

프랜차이즈 비즈니스에서는 가맹점이 본부의 방침이나 노하우에 충실하게 활동해야 성공할 수 있다. 그 방침이나 노하우를 명확히 제시한 것이 바로 매뉴얼이다. 따라서 매뉴얼은 프랜차이즈 본부의 바이블이라고 해도 과언이 아니다.

그렇긴 해도 프랜차이즈 비즈니스의 기본은 어디까지나 '사람'이다. '사람'의 힘을 최고로 끌어내는 툴로서 매뉴얼이 존재한다. 즉 '사람'의 능력을 최대한 끌어내는 툴로서 매뉴얼을 만드는 것이 프랜차이즈 성공을 위한 큰 단계가 되는 것이다.

매뉴얼 정비의 유의점은 다음과 같다.

1. 고객만족이 첫번째여야 한다.
2. 업무의 단순화, 표준화, 전문화가 되어 있어야 한다.
3. 실제의 업무를 바탕으로 해서 만들어져야 한다.
4. 애매한 표현이 없고 이해하기 쉬워야 한다.
5. 책임부서가 명확하고 정기적으로 개정되어야 한다.

chapter 8

성패를 결정하는 입지
: 다양한 입지에 적응할 수 있는 업종을

▶ 우선 직영점의 입지를 조사한다

500개 점포까지 확대하는 계획은 진행되고 있었지만 큰 문제가 하나 있었다. 기존의 10개 점포는 도쿄도내에서도 비교적 비슷한 조건을 갖춘 곳에 위치하고 있었다. 말하자면 밀라노 익스프레스는 지방이나 번화가 외의 지역에서 출점한 경험이 아직 없다는 이야기이다.

히가시다는 이미 프랜차이즈화의 조건에 '다양한 입지에서의 출점이 가능하다'라는 점을 다테에게서 들었다.

출점 장소의 다양화는 500개 점포 시나리오를 완성하는 데 있어 피할 수 없는 중대한 주제이고, 본격적으로 가맹점 모집을 시행해야 하는 시급한 주제이기도 했다.

새해가 되어 성인의 날이 지나다 보니 긴자점에서는 평소와 같이 비즈니스 거리 특유의 긴장감이 넘치는 분위기가 감돌기 시작했다.

"와쿠이씨, 우리 직영점은 대충 비슷한 자리에 입지하고 있지요?"

"학생들이나 젊은 층이 많은 지역이나 회사원들 위주로 다소 연령층이 높은 지역으로 나눠질 수 있겠지만 대부분의 점포가 시내 번화가입지라고 할 수 있습니다."

히가시다와 와쿠이는 새해가 되어 처음으로 회의를 가졌다. 하지만 굳이 회의라고 하기엔 그렇고 실제로는 오랜만에 시간적인 여유가 나서 긴자점까지 가서 오후 커피를 즐기고 있었다.

"실은 지난 번 다테씨가 출점자리를 다양화하지 못한다면 500개 점포는 무리라고 하셨어요. 그런데 와쿠이씨가 말하는 대로 기존 직영점은 모두 비슷한 자리에만 출점하고 있지요. 출점자리를 다양화한다고 해도 지금 있는 대로라면 대응할 수 없을 것 같아요."

"그렇다고 해서 지금 바로 새로운 입지에서 실험할 수도 없고 우선 우리가 출점을 판단해 온 입지 포인트를 정리하는 게 어떻겠습니까? 우리 회사가 점포들을 오픈하고 입지를 결정하는 데는 나름대로의 기준이 있었을 테니까요. 그 포인트와 잘 맞으면 비록 지금까지 해왔던 것과 다른 입지에서라도 충분히 출점이 가능해진다고 보거든요."

"물론 그렇다고 볼 수 있지만, 우리에게 입지를 선정하는 특별한 기준이 있었던가…? 늘 사장님이 현장을 보고 결정했었으니까."

"그럼, 사장님 머리 속에 판단 기준이 있다는 것이네요."

"그래요. 그럼 사장님 머리 속에 있는 판단 기준을 꺼내면 되겠군요."

이제까지 밀라노 익스프레스에서는 출점 가능여부를 판단하는 명확한 기준을 양식으로 정해놓지 않았었다. 물건 정보가 들어오면 사장님을 중심으로 느낌과 경험으로 판단했었다.

그래도 큰 문제는 없었지만 앞으로는 매월 몇 건의 물건을 판정해야 하는 이상 언제까지나 사장님한테만 의지할 수는 없다. 감과 경험을 어떻게 객관적인 판단기준으로 대치할 것인가가 포인트가 된다.

▶ 입지선정을 위해 필요한 것

긴자점에서 돌아온 히가시다는 곧바로 다치바나를 찾았다.

"다치바나씨, 사장님 내일 예정이 어떻게 되어 있지요?"

"내일은 저녁에 회식이 1건 예정되어 있고, 그 때까지는 회사에 계실 겁니다."

"그럼, 내일 오전 중 2시간 정도 시간을 빼 주시겠어요? 밀라노 익스프레스 출점 기준에 대해서 의견을 듣고 싶어서요."

"확인해 보겠습니다. 잠시 기다려 주세요."

미야타는 바로 OK했다. 자리로 돌아온 히가시다는 와

쿠이에게,

"와쿠이씨, 내일 아침10시부터 사장님과 아까 이야기한 내용에 대해서 검토하기로 했어요. 질문사항을 정리하고 출점기준의 참고사례를 준비해 두세요."

"알겠습니다. 전에 다테씨에게 연수받았을 때 받은 참고자료로도 괜찮겠지요?"

"음…, 그 자료가 제일 알기 쉬운 것 같지요? 그래요! 됐어요. 그리고 질문사항은 간결하게!"

다음 날 세 사람은 사장실에서 출점기준 작성에 대해서 검토에 들어갔다.

"지금까지 출점에 대해서는 사장님이 후보지를 다 보시고 가능여부를 판단하셨습니다. 하지만 프랜차이즈 전개가 시작하면 우리 회사가 독자적인 기준을 만들어야 합니다. 오늘은 지금까지 사장님이 무엇을 입지선정의 판단 포인트로 했었는지를 여쭤보고 기준을 작성하려고 합니다.

"내 머리 속에 있는 걸 다 드러내라는 거네. 히가시다 부장."

"예, 맞습니다. 와쿠이가 질문할 테니 사장님은 대답만

해 주시면 됩니다."

이렇게 해서 와쿠이가 질문하기 시작했다. 미야타는 대답하면서 그 내용이 요점을 잘 짚어내고 있다는 점에 내심 놀랐다. 자기 생각을 와쿠이가 다 아는 것 같은 느낌까지 들었다.

사장과의 인터뷰를 마치자 히가시다와 와쿠이는 바로 회의실에 직행하여 출점판정을 위한 입지평가항목을 정리하였다.

【밀라노 익스프레스 입지평가항목】

① 상권인수(주간, 야간)
② 상권내 소비액
③ 가게 앞 통행량(차량, 사람, 자전거)
④ 입지특성(입지 타입 분류)
⑤ 전면 도로 상황
⑥ 근린상황(역, 시설 등)

"평가항목은 이 정도면 충분할까요? 각 항목의 수치가 얼마 정도면 합격점인지 대해서는 사장님 말씀만 가지고는 판단할 수 없겠지만…."

"수치에 의한 객관적 판단기준 없이는 실제로 사용하기 힘들겠죠? 다테씨 말로는 기존 점포의 평가항목 데이터와 매상실적이나 손님수의 상관관계 등을 조합하여 추측하는 방법도 있는 것 같았는데…. 뭐, 어려운 공식 같은 걸 배웠던 것 같기도 하고…. 이 건에 대해서는 다테씨에게 부탁하는 게 빠른 것 같아요."

"부탁한다고 해도 기존 점포 데이터가 필요하니까 영업부에게 의뢰해서 자료를 수집해야겠네요."

"그럼, 필요한 데이터항목은 다테씨에게 여쭤보고 바로 영업부에 부탁 좀 해 줘요."

"알겠습니다. 그럼 이 건은 그렇게 진행하도록 하겠습니다."

"입지평가항목과 데이터 수집은 괜찮지만 입지의 다양화라는 점에 대해서는 아직 해결되지 않았죠?"

"글쎄요. 기존 점포는 거의 모두가 도심지형태니까…."

"이대로 둘이서 이야기 해봤자 답을 내는 건 무리인 것 같네요. 아무래도 다테씨와 같이 생각해 봐야겠어요, 와쿠이씨."

결국 다테의 힘을 빌리기도 했다.

"그럼 선생님한테 연락을 드리고 가능한 한 빨리 약속

을 잡겠습니다."

히가시다가 금방 포기해 버리는 모습을 미워할 수 없는 와쿠이는 조금 어이없이 하면서도 바로 동의하였다.

▶ 타깃 손님과 입지의 조정

"점포의 성공은 손님이 찾아오기 쉬운 자리에 있는지 아닌지에 달려 있습니다. 따라서 밀라노 익스프레스의 손님이 어떤 사람이고 어떤 경우에 이용하는지를 알아야 합니다. 그리고 현재 뿐만 아니라 앞으로 어떤 손님이 어떤 경우에 이용할 수 있는지, 그 가능성에 대해서도 탐구할 필요가 있습니다. 이걸 정리하면 점포 성립에 있어 충분한 손님을 모을 수 있는 입지인지 아닌지를 판단할 수 있을 겁니다."

히가시다와 와쿠이는 다테와 더불어 입지의 다양화라는 주제로 회의를 시작했다. 장소는 평소 사용하는 본사 회의실이다.

"그럼 선생님, 첫 단계에서는 밀라노 익스프레스의 주 고객층이 누구이고 어떻게 이용되는지를 생각해 보면 되겠네요?"

히가시다는 머리 속에 있는 내용을 정리하듯이 물어봤다. 평소와는 달리 오늘 히가시다는 신중했다.

"예, 맞습니다. 우선 우리가 밀라노 익스프레스 '손님'은 누구인가에 대해서 검토합시다. 그 후 손님마다 이용하는 장면을 생각합니다. 이것은 이념체계를 구축했을 때 한번 검토한 거니까 그렇게 어렵지는 않을 겁니다."

다테가 리드하면서 세 사람은 밀라노 익스프레스의 손님과 이용 장면을 생각나는 대로 말했다.

【밀라노 익스프레스의 손님과 이용장면】

20대초반부터 30대중반까지를 핵심연령층으로 삼는다.

■ 기존 점포의 경우

- 남녀 샐러리맨
  - Eat in: 조식, 중식, 티타임, 석식+주류
  - Take out: 디저트, 젤라토, 중식, 석식
- 학생(대학생 이상 중심)
  - Eat in: 조식, 중식, 티타임, 석식+주류
  - Take out: 디저트, 중식, 석식, 야식

- 커플
  - Eat in: 티타임, 석식+주류
  - Take out: 디저트, 젤라토, 경식류

■ **차후 예상되는 고객층**

- 패밀리
  - Eat in: 휴일 중식, 티타임, 석식
  - Take out: 휴일 중식, 디저트, 젤라토, 석식
- 주부
  - Eat in: 중식, 티타임, 소모임
  - Take out: 디저트, 젤라토, 중식, 석식

"중복된 것도 있지만 대충 이런 내용입니다. 이런 타깃이 많이 모이는 자리가 밀라노 익스프레스가 성립 가능한 입지입니다. 기존 10개 점포는 모두 해당됩니다. 단지 핵이 되는 손님이 가게마다 조금씩 다르지만."

"그렇군요, 선생님. 구체적인 장면은 더 다양하다고 봅니다만 정리한다면 이 정도가 되겠네요."

"그럼, 이 타깃과 이용장면을 충족하는 장소를 생각해 봅시다."

▶ 다양한 입지에서 운영하기

"사무실 밀집 거리의 역 근처"

히가시다가 바로 예를 들었다.

"그렇습니다. 이게 바로 기존 점포의 중심입니다."

다테는 화이트보드에 적으면서 고개를 끄덕였다. 그리고 세 사람이 말한 장소는 다음과 같다.

【밀라노 익스프레스가 성립되는 장소】

① 사무실 밀집지역의 역 주변

② 역 주변 번화가

③ 대학교 근처 번화가

④ 터미널 주변 대형상업 빌딩 내

⑤ 교외형 대형쇼핑센터 내

⑥ 소형슈퍼 등의 근처, 생활도로 주변

⑦ 대형상업시설의 근린도로 주변

⑧ 주택가에 가까운 생활도로 주변

"① ② ③은 기존 점포의 입지이고 이른바 도심형으로 분류할 수 있고, ④ ⑤는 상가형(in shop)형, ⑥ ⑦ ⑧은 교외형 또는 도로주변형이라고 할 수 있겠네요. 따라서 밀라노 익스프레스가 성립되는 입지 타입은 도심형, 상가형, 교회형 세 가지로 분류할 수 있을 것 같습니다. 그리고 입지 특성에 따라 도심형에는 3타입, 상가형에는 2타입, 교외형에는 3타입이 있습니다. 와쿠이씨, 모두가 이해할 수 있도록 나중에 표로 만들어 주세요."

"알겠습니다."

"선생님, 그럼 밀라노 익스프레스도 다양한 입지에서 성립이 가능하다는 말씀이지요?"

히가시다는 기뻐서 싱글벙글 웃고 있었다.

"물론 이론적으로 크게는 3타입, 상세히 보면 8타입의 입지에서 성립될 가능성이 있습니다. 그러나 기존 점포 10개는 도심부형 3타입밖에 없는 것이 현실입니다. 현재로서는 나머지는 어디까지나 이론적으로 봤을 때 그렇다는 이야기가 됩니다."

"그럼, 가맹점을 모집할 수 있는 건 기존 점포와 같은 입지만 할 수 있다는 겁니까?"

"엄밀히 말하면 그렇게 됩니다. 가맹점을 모집하는 데 있어 도심부형 이외의 매상실적을 제시할 수 없으니까요."

“그렇다고 해도 도심형 이외의 출점후보지도 틀림없이 나올 겁니다. 실적이 없다고 모두 거절하는 것도 효율적이지 못한 거 아닙니까?

“새 입지에 대해서는 보통 직영점에서 성립 가능여부를 검증하고 나서 가맹점 모집을 실시합니다. 그러나 현 실적으로 가맹점이 먼저 새 입지에서 출점하는 경우도 있습니다. 이런 땐 최소 1년간 이익보증이나 폐점시 점포 인수 등 특별계약을 체결하기도 합니다. 대신 프로모션 테스트나 신상품 테스트판매, 영업실적 등 표준화를 위한 데이터수집에 협력할 것을 요청하는 경우도 있고요.”

“그럼 우리 회사의 경우는 도심형에서 모집을 시작하고, 그 외 입지에서는 실험을 추진하여 실적을 만들어내야겠네요? 실험에 대해서는 가능하면 직영점에서 실시하고 가맹점에서 하는 경우는 이익보증이나 점포인수 등 본부에서 어느 정도 위험을 부담해주면 된다… 이 말이죠?”

“예, 맞습니다. 부장님.”

“어디서 하나 잘 된다고 해서 아무데나 가맹점을 낼 수 있는 건 아니군요.”

와쿠이가 어렵다는 표정을 지으며 다테를 봤다.

“프랜차이즈 가맹점을 모집하는 경우 ‘본부가 성공한 실적이 있는 패키지’라는 게 원칙입니다. 입지는 패키지를 구축하는 큰 요소가 되기 때문에 그것이 크게 달라진다면 실적으로서 인정이 안 되는 겁니다.”

“당분간은 도심부형을 중심으로 출범해야겠군요. 하긴, 교외형을 한다면 점포 레이아웃도 변경해야 하고 건물자체를 짓는다면 투자금액도 많아지겠지요. 샌생님 말씀하신 대로 전혀 새로운 패키지를 만들어야 겠군요.”

밀라노 익스프레스의 교외형의 이미지는 히가시다도 잘 떠오르지 않았다.

“빨리 생각해야 할 주제네요, 선생님.”

“예, 교외형은 출점 장소를 크게 확대할 수 있으니까 반드시 빨리 테스트 점포를 내야 할 것 같습니다.”

“입지의 다양화에 대해서는 프랜차이즈 전개에 대응하고 충분한 가능성을 볼 수 있습니다.

‘그러나 지금까지 출점하지 않았던 입지에 대해서는 서둘러 테스트 점포를 내야 하고, 더군다나 최소 1년의 실적이 필요하니까 내년도 프랜차이즈 가맹점은 도심형을 중심으로 개발해야 한다. 그 동안에 실험결과를 보고 내후년도는 새 입지에서도 개발을 시작한다.’

이런 시나리오로 가자는 이야기죠?"

"맞아요. 도심부형만으로는 목표점포수를 확보할 수 없습니다. 서둘러 새 입지에서도 테스트 전개를 시작하십시오."

다테가 정리하고 회의는 끝났다. 세 사람이 방을 나오자 미야타가 말을 걸었다.

"수고하셨어요. 일이 잘 돼 갑니까? 선생님도 바쁘신데 정말 고맙습니다. 어떻습니까? 식사라도 하면서 일 진행 상황에 대해서 좀 이야기나 해 주세요. 간부회의와 메일로 보고를 받아 대충 파악하고는 있지만…."

세 사람은 미야타와 같이 사무실을 나와 긴자점까지 걸었다.

거리는 겨울 분위기로 변해 가고 있었다. 긴자 거리 한 블록 앞에서 코트의 깃을 세워 서두르는 샐러리맨이 네 사람을 앞지르며 지나갔다.

□ 프랜차이즈 성공 STEP 8 FRANCHISE

프랜차이즈 비즈니스에서는 단기간에 다점포화를 실현하는 것이 성공을 위한 중요한 포인트가 된다. 그것을 실현하기 위해서라도 출점할 수 있는 장소는 많을수록 좋다.

많은 입지 타입에서 전개하려면 사업의 타깃과 이용상황을 가능한 한 다양화하고 상이한 입지특성에 대응한 점포를 만들어야 한다.

따라서 프랜차이즈 전개에 있어서는 어디 한 점포가 성공했다고 해서 아무데나 가맹점을 낼 수는 없다. 성공한 입지와 동일한 입지에서만 출점할 수 있다는 것이 원칙이다.

■ 입지타입

입지타입은 업종 특성에 따라 분류방법이 크게 달라진다. 상권의 크기나 타깃에 대한 접근이 다르기 때문이다. 자사 업종에서는 어떠한 분류가 적절할지, 성립될 수 있는 입지는 몇 가지로 분류할 수 있는지를 명확하게 해야 한다.

각 분류마다 그에 따른 최적의 점포를 내는 것이 다양한 입지에 적응한 업종을 만들고 프랜차이즈 성공을 위한 스텝이 된다.

그러나 프랜차이즈 전개 초기에서는 모든 입지에 대응한 점포가 준비되어 있는 경우가 많지 않다. 그래서 우선 실적이 있는 입지타입에서 가맹점을 모집하고, 병행하여 새 입지에 대응한 점포를 만들 필요가 있다.

이 경우 직영점에서의 실적이 원칙이 되는데 가맹희망자와 합의해서 본부가 어느 정도 리스크를 부담하는 방식으로 가맹점을 실험적으로 운영할 수도 있다.

■ 입지판정기준

프랜차이즈 전개에 있어서는 입지판정의 정도를 높이는 것이 가맹점 번영을 위한 절대조건이 된다. 가맹점이 본부에 대해 갖고 있는 가장 큰 불만은 입지판정이 빗나가 계획대로 매상을 확보할 수 없는 경우이다.

정확한 입지판정을 하기 위해선 독자적인 판단기준을 만들고 점포 확대에 따라 계속 수정·보완해 나가야 한다.

일반적으로 입지판단기준은 다음과 같은 평가항목과 기존 점포의 매상과의 상관관계를 찾아서 그 정확도를 높인다.

[평가항목]

1. 상권인구(주간, 야간)

2. 상권내 소비액

3. 통행량(차량, 사람, 자전거)

4. 입지특성

5. 전면도로상황

6. 근린상황(역, 시설 등)

그러나 점포수가 그다지 많지 않은 경우 점포마다 다른 특수한 요소가 매상에 크게 작용하여 실제 상관관계를 찾기 힘들 때가 많다.

따라서 프랜차이즈 전개초기는 그렇게 정확도가 높은 입지판정기준을 제시하기가 어렵다. 그러므로 실제 전개에 있어서 가맹희망자가 충분히 납득할 수 있도록 출점장소를 신중히 정해야 한다.

chapter 9

가맹점 개발의 비결 :본부도 가맹점도 번창할 수 있는 시스템

▶ 비용관련규정

이야기는 전년 가을까지 거슬러 올라간다.

와쿠이가 본부인프라 정비를 어느 정도 끝내갈 무렵이었다.

히가시다한테 가맹점모집을 위한 프랜차이즈박람회의 신청서가 날아왔다. 다테가 준비한 것이었다.

"선생님. 프랜차이즈 박람회 신청서가 왔는데요…. 계약서도 아직 준비가 안 됐는데 괜찮겠습니까? 그 때까지 만들 수 있을까요?"

"어떻게 하셨어요? 부장님."

갑자기 약속도 하지 않고 사무실을 찾아온 히가시다를 보고 다테는 놀란 모양이었다. "프랜차이즈 패키지는 어떻게 할 수는 있겠지만, 생각해보니까 계약서도 아직 준비가 안 되어 있습니다. 이런 페이스로 박람회가 개최 때까지 준비할 수 있을지 모르겠네요."

"부장님, 처음 작성하신 스케줄표를 확인하셨어요? 예정으로는 계약서 작성은 좀 더 나중에 하는 걸로 되어 있을 겁니다."

"물론 그렇습니다만 내년 3월에 열리는 박람회를 생각해서 계산해보니까 걱정돼서요. 6개월도 안 남았는데요. 아직 가맹금 같은 것도 정식으로 정해진 것도 아니고…."

"괜찮아요. 히가시다 부장님. 저 스케줄은 박람회가 열리는 시기에 맞추어서 만든 겁니다. 예정대로 하면 잘 될 겁니다. 그래도 걱정이 된다면 계약서를 작성하기 위해 검토해야 할 주제만이라도 명확히 합시다."

"감사합니다. 꼭 부탁합니다. 요즘 솔직히 계획대로 일이 잘 되어 갈 수 있을지 날마다 걱정하고 있습니다. 그런데다가 박람회 신청서까자 날라와서 패닉상태입니다."

"부장님 답지 않네요. 오늘은 자신감을 가지고 돌아갈 수 있도록 납득이 가는 데까지 설명해 드리겠습니다."

다테는 히가시다에 대해 계약서를 비롯하여 가맹점 모집을 위한 조건이나 툴을 정비하는 절차를 친절하게 설명하였다.

"긴 눈으로 봤을 때 가맹점을 성공시키는 제일 중요한 포인트는 가맹점 오너에게도 본부에게도 서로 번창할 수 있는 조건을 설정한다는 것입니다. 특히 가맹금, 로열티 등 비용관련의 규정과 근거를 포함한 종합적인 손익 시뮬레이션은 중요합니다. 손익면에 대해서는 이전에 정해진 개선책을 현재 실험하고 있는 중이죠? 가맹금과 로열티는 동시 진행하여 검토하면 됩니다. 시기적으로는 한 달 안에 정하면 될 것 같습니다. 계약서는 필요한 항목의 검토만 마치면 그다지 시간이 걸리지 않습니다."

히가시다는 다테의 설명을 듣고 조금은 안심이 되었다.

"잘 알았습니다. 당장 비용관련 규정을 정하도록 준비하겠습니다."

다테의 사무실에서 나온 히가시다는 외출할 때의 비장한 표정과는 달리 편안함이 베어 있었다.

"부장님. 잘 다녀오셨어요? 아까는 얼굴 색이 안 좋았는데 어디 갔다 오신 겁니까?"

히가시다를 보고 와쿠이가 물었다.

"다테씨에게 갔었어요. 일이 어려워지면 다테씨한테 가는 게 아무래도…."

"지금 표정 보니까 또 새로운 일을 시작할 모양이죠?"

"어떻게 알았어요? 맞아요. 가맹점에 대한 비용규정을 정하려고."

"비용규정이라면 로열티나 가맹금 같은 거 말입니까?"

"응, 계약서나 가맹점 개발용 팸플릿도 작성해야 되고."

"알겠습니다. 이제 공급시스템도 다 끝나가니까 제가 원안을 만들겠습니다. 간부회의에서 검토해 주십시오."

▶ 로열티를 정하는 방법

프랜차이즈 전개에 있어서 가장 큰 문제가 되는 것 중 하나는 본부가 이익을 확보하는 구조를 만드는 것이다.

로열티제도를 채용하는 데도 있는가 하면 상품이나 원료 등 납품차액으로 이익을 확보하는 데도 있다. 로열티 설정도 매상과 관련시키거나 이익금과 관련시키거나 여러 가지가 있고, 본부에 따라서는 정액제로 하는 곳도 있다.

와쿠이는 다테가 하는 연수에 참석해서 받은 타사 사례를 참고로 하면서 어떤 제도가 밀라노 익스프레스에 최적한가를 검토하였다.

다테가 가르쳐 준 비용규정 검토에 있어 유의할 점은 다음과 같다.

【로열티설정 유의포인트】

① 가맹점의 이익을 필요 이상 압박해서는 안 된다.

② 동업, 유사업종의 선행본부와 비교하여 너무 비싸게 하지 않는다.

③ 원자재료의 납품차익이 있는 경우는 로열티와 합산하여 적정이익을 설정한다.

④ 적정이익 설정에서는 본부 지원내용과의 타당성을 감안한다(슈퍼바이저 활동, 광고선전, 연수, 컴퓨터·시스템 정비 등의 본부활동을 상정).

⑤ 본부와 가맹점의 이익을 모두 충분히 매력적인 수준으로

설정한다(본부는 출범 3~5년 안에 주식공개가 가능한 수준, 가맹점은 2년 이내에 2호점을 낼 수 있는 수준).

밀라노 익스프레스사에서는 기존의 원자재 가격은 본부가 거래처와 교섭하여 정했다. 따라서 점포에 납품되는 것은 모두 본부가 정한 가격으로 설정된다. 이로 의해 점포가 원가관리를 쉽게 할 수 있고 손익관리를 철저하게 할 수 있는 제도라고 할 수 있다.

생선품의 시장가격이 변동하여도 밀라노 익스프레스의 원가율은 변하는 게 아니다. 그러나 날마다 가격변동이 있어서 표준가격과 실가격의 차이가 본부의 차익이나 차손이 될 수 있다. 표준가격에 대해서는 생선품은 매월, 그 외 품목은 6개월에 한번씩 검토하고 있다. 현재 납품차액으로 본부가 올리는 이익은 물류비를 빼면 거의 없다고 할 수 있다.

기존 직영점에 대해서는 본부배당금이라고 해서 본부경비를 각 점포가 부담하는 구조가 있는데, 매상의 5%로 결정되어 있었다.

와쿠이는 가맹점 이익이 어느 정도일 때 본부수익이 어떻게 되는지를 산정하고, 그리고 유사업종의 본부와 비교해 보았다. 그 결과 로열티를 직영점의 본부배당금과 같은 5%로 설정하면 앞서 언급한 로열티 설정 유의포인트를 만족시킬 수 있다는 것을 알았다.

와쿠이는 우선 여기까지의 내용을 히가시다에게 보고했다.

"부장님, 로열티는 5%가 타당하다고 봅니다. 다테씨가 말한 것들도 다 만족시킬 수 있구요."

"그래요. 수고했어요. 그럼 이 경우에 본부와 가맹점의 손익 시뮬레이션과 타 본부와의 비교표를 정리해 줄래요?"

"알겠습니다. 그런데 로열티 이외에 대해서는 어떻게 할까요?"

"로열티 이외라뇨?"

"예를 들어 광고선전분담금이나 시스템사용료, 연수비용 등을 말하는데요."

"개업시에 별도로 받으니까 통상적으로 지출되는 비용은 본부가 로열티 범위 내에서 커버할 수 없을까요? 다양한 항목에서 비용을 징수하는 것은 그렇게 바람직한 것은 아닌 것 같아요. 단지 컴퓨터·시스템 운용비용은 별도로 생각하는 게 좋을 것 같아요."

"하긴… 다테씨도 징수하는 명목이 이것저것 많으면 안 좋다고 하셨어요. 그럼 컴퓨터 관련비용은 실비에 따른 것으로 하고 로열티만으로 시뮬레이션을 작성해 보겠습니다."

"그래요. 부탁해요."

▶ 적정한 로열티 액수는?

와쿠이는 히가시다가 부탁한 대로 가맹점과 본부수익 시뮬레이션에다 타사 본부와의 비교표까지 작성했다. 프로모션의 실시나 메뉴 개정 등은 현 상황을 기초로 해서 간부회의에 제출하기 전에 히가시다에게 설명하였다.

"비교검토하기 위해 3~10% 범위 내에서 시뮬레이션을 하였습니다. 3%로는 본부수익이 모자라고 10%로 하면 가맹점 이익수준이 낮아져 매력적인 상품이 되기가 어려워집니다."

"결국 직영과 같은 수준의 5%가 타당하다는 거네?"

"예, 그렇습니다."

"5%로 했을 때 본부수익은 어떻게 되는 건가요?"

"출범 후 3년으로 가맹점이 200개, 각 점포 평균 연매출액을 1억 8천만엔으로 상정하면 로열티수입이 18억엔, 본부경비를 빼도 10억 가까운 이익이 남습니다. 가맹점 측도 영업이익 베이스로 최소 15%정도는 확보할 수 있을 겁니다."

"알았어요. 수고했어요. 본부, 가맹점 양쪽이 번창할 수 있는 것이 대 원칙이니까 5%로 합시다. 그렇게 잘만 되면 3~4년 후에는 우리 회사도 주식공개기업이 된단 말이네요."

"예, 맞습니다. 결코 꿈이 아니고 현실적인 이야기입니다."

"그래, 정말 힘이 생기네요. 간부회의에서는 이 선으로 허락을 받아야겠어요."

로열티 5%, 컴퓨터 · 시스템 관련 비용 이외는 징수하지 않는다. 그리고 미야타의 제안으로 일정이상 매상을 달성하면 그 이익을 반환해 주는 인센티브제를 도입하였다. 게다가 운영수준을 떨어뜨리지 않기 위해 본부가 필요하다고 인정한 점포에는 유료로 연수 참가를 의무화한다는 항목도 포함시켜 로열티에 관한 상세사항은 결정되었다.

▶ 가맹금에 대한 생각

“와쿠이씨, 로열티는 정해졌지만 가맹금 등 다른 비용 규정도 다음 간부회의에서 승인을 받아야 하는데, 이번 주 안에 결정할 수 없을까?”

“예…. 우선 가맹금이라는 게 무엇에 대한 대가인가에 따라 꽤 달라진다고 다테씨 연수에서 들었습니다. 우선 가맹금에다 무엇을 포함시킬 것인지를 생각해야 될 것 같습니다.”

“그래요. 다테씨가 준 타사사례를 참고로 하여 우선 우리 나름대로 정의를 해야겠다는 이야기네. 그럼 그것을 바탕으로 대충 금액을 산정하여 둘이서 검토하지요.”

가맹점이 가맹할 때 지불하는 비용에는 가맹신청금, 가맹금, 점포설계시공관리료, 연수비용 등이 있다. 가맹금에 개업 전의 연수비용이나 설계비용을 포함할 경우는 가맹금이 비싸게 설정되는 경우가 많다. 따라서 가맹시에 어떤 비용이 필요한가를 모두 종합적으로 판단할 필요가 있다. 와쿠이는 가능한 한 많은 항목의 대가로서 가맹금을 설정하여 로열티와 같이 여러 가지 항목의 비용을 별도로 지불하게 하는 것을 피했다.

【밀라노 익스프레스 가맹금의 정의】

① 계약시에 개시하는 밀라노 익스프레스 운영 노하우
② 밀라노 익스프레스의 브랜드 사용권
③ 개점전 연수, 지도
④ 개점전, 개점시의 지도원 파견

'이 정도인가? 정리하니까 아주 간단하네. 우선 금액을 설정하여 부장님과 회의해야지.'

와쿠이는 동종업계의 가맹금 일람을 로열티 일람과 같이 조사하였다. 같은 푸드서비스업에서도 가맹금은 회사마다 상당한 차이가 있었다. 적게는 100만엔에서부터 많게는 1,000만엔까지, 특별한 기준이란 것이 없어 보였다.

'다테씨가 가맹금은 새로 같은 업종을 개발하기 위한 외부 주문비용에 비해 20~30%정도의 수준이면 결코 비싼 건 아니라고 하셨다. 밀라노 익스프레스 같은 가게를 새로 만들면 얼마나 나갈까? 그것도 하나의 기준이 될 수 있겠군….'

와쿠이는 다테가 한 말이 생각나서 밀라노 익스프레스

와 같은 점포를 개발하기 위해서는 어느 정도의 비용이 필요한가를 생각해봤다.

자리에 앉아 가맹금 설정 때문에 고민하던 와쿠이한테 히가시다가 갑자기 말했다.

"와쿠이씨, 가맹금 금액은 정해졌나요?"

히가시다는 상대방이 무엇을 하고 어떤 상황인지 생각도 하지 않고 말을 걸었다가 일을 방해하는 경우가 종종 있었다. 와쿠이는 늘 있는 일이라고 이제 포기하고 대답했다.

"아직이요, 지금 고민하고 있는 중입니다. 부장님. 전문가에게 부탁하면 우리와 같은 점포를 새로 만들면 비용이 얼마나 들지 알 수 있을까요?"

"잘 모르겠는데. 기획 일로 광고대리점과 만나는 기회도 많았었는데 와쿠이씨가 오히려 잘 알 텐데."

"그러고 보니 대리점도 그런 일을 하네요…. 아, 생각났다. 전에 있던 식품회사에서 점포개발의 플랜작성을 대리점에 부탁했을 때는 2,000만엔 이상의 견적이 나왔어요. 그런데 그게 단지 책상 위에서 계산만 해서 나온 것이라 실제 런칭했을 때 금액에 차이가 많이 나서 담당자가 많이 고생을 했었어요…. 나온 플랜을 사용할 수 없는 경우도 많은 것 같아요.”

“그럼 우리가 가맹금을 2,000만엔으로 설정하는 것도 싸다는 이야기네.”

“부장님, 그건 너무 비약적인 생각입니다. 물론 밀라노 익스프레스를 새로 만든다면 2,000만엔이라도 싸다고 봅니다. 그러나 가맹금은 타사와 비교도 해야 하고, 프랜차이즈의 경우 여러 가지로 제약을 받으면서 영업한다는 측면도 있으니까 그것 것들은 빼고 생각해야죠. 로열티 징수도 하는데……. 단지 연수비용이나 설계시공관리비용, 시스템비용 등을 포함하는지, 별도로 징수하는지도 고려하여 외부에 주문하면 2,000만엔 이상이라는 건 검토하는 데 있어 하나의 기준이 될 수도 있습니다.”

와쿠이는 히가시다 페이스에 말려들면서도 결과적으로 고민하던 것을 해결할 길을 찾게 되었다.

“부장님, 감사합니다. 이제 좀 길이 보이는 것 같습니다. 내일 아침 일찍 회의를 하면 될 것 같습니다. 오늘 안에 원안을 다 만들겠습니다.”

“그래요, 잘 됐네요. 내일 일찍이라고… 기대할게요.”

히가시다는 안심했다는 듯 말했다.

▶ 적정한 가맹금의 액수는?

가맹금 설정에 필요한 자료는 다 준비되어 있었고 손익시뮬레이션을 할 수 있는 자료도 거의 정해져 있었다. 히가시다와 이야기를 하면서 대충 방향을 잡은 와쿠이는 다시 한번 가맹금의 정의를 명확하게 한 후 가맹금 이외에 징수하는 금액까지 산정했다.

'설계시공관리비와 시스템도입비는 실비로, 연수비용은 3인까지는 가맹금에 포함시키도록 하자. 개업시에 징수하는 비용으로 이익을 창출할 생각은 없으니까, 가맹금 이외는 실비로 하는 것을 원칙으로 하고…. 가맹금은 타사와 비교한 내용을 바탕으로 하여 가맹점개발에 필요한 비용을 준비할 수 있으면 된다는 수준으로 생각하는 게 맞는 것 같다.'

와쿠이는 저녁에는 가맹금 설정에 관한 공식을 포함하여 다음 날 회의자료 정리를 마쳤다.

다음 날 아침 일찍 와쿠이와 히가시다는 회의실에 모였다.

"그럼 설명해 봐요."

"그렇게 재촉하지 마세요, 부장님."

와쿠이는 성격이 급한 히가시다에게 복사한 자료를 주고 차근차근 설명하기 시작했다.

"가맹금 산정에 대한 생각을 우선 설명하겠습니다. 가맹점 개발활동, 연수비용 등을 원가 베이스로 가맹점 한 개당 300만엔 가까운 비용이 발생합니다. 거기서 문제가 되는 것은 타사의 가맹금이지만, 레스토랑 관련 업체는 대개 약 200만엔 내지 1,000만엔 정도가 보통입니다. 100만엔 이하인 낮은 곳도 있습니다만, 성격상 예외로 봐도 무방할 것 같습니다. 결론적으로 연수비용 등을 포함하여 300만엔 이상으로 설정하는 곳이 많은 것 같습니다."

"예, 생각보다 비싸네요."

"예, 레스토랑 관련 업체는 외식업계에서도 비교적 비싼 편입니다. 그래서 우리 회사는 타사와 비교하여 또한 자사 비용을 감안했을 때 350만에서 500만엔 정도가 타당하다고 판단했습니다."

"350~500만엔인가? 가맹금을 포함한 초기투자액을 어느 정도로 회수할 수 있는가가 관건이 되겠네요."

"예, 로열티도 정해지고 표준적인 투자액도 산정되었

으니까 가맹금을 포함시켜 최종적으로 회수기간이 얼마나 되는지는 계산해 봤습니다. 그 데이터를 종합해 봤을 때 제가 보기에는 400만엔이 타당하다고 봅니다. 타사에 비교하여 특별히 싸게 할 필요도 없지만 필요이상 비싸게 하는 것도 안 좋습니다. 가맹금으로 돈을 번다는 자세는 우리 회사 풍토에도 안 맞고, 정말 밀라노 익스프레스를 사랑해 주는 분들이 큰 부담 없이 가맹해 주기를 원하니까요."

와쿠이는 자기가 사랑하고 절대적인 자부심을 가진 밀라노 익스프레스를 가맹금 목적의 불량본부로 만들고 싶지는 않았다. 가맹점개발에 따르는 리스크를 최소한 커버할 수 있는 범위 내에서 가맹금을 설정하면 충분하다고 생각했다.

히가시다도 같은 마음이었다.

"와쿠이씨 말이 맞아요. 이 내용으로 결정하죠."

▶ 보증금은 필요한가?

'아, 그리고, 보증금에 대해서도 정해야지.'

와쿠이는 가맹금을 계산하면서 보증금에 대해서 생각이 났다.

'보증금이라…, 그러고 보니 가맹금과는 별도로 징수하는 곳이 많던데. 어떤 기준으로 금액을 정해야 하지? 다테씨 연수자료에 있었는데….'

와쿠이는 파일에서 자료를 꺼내 보증금 설정기준을 찾았다.

'상품이나 원자재료 등, 가맹점이 본부에게 부담하는 채무담보로서 맡기는 게 기본이라고 하면 본부에게 지불하는 1회분에 해당하는 금액을 우리가 받으면 되는 거네…. 우리 같은 경우 10일에 한 번 청구하니까 월간 평균매상을 1500만엔, 원자재료를 약 30%로 하면 10일간 150만엔의 보증금이라는 계산이 나오는군. 거기에다 로열티나 포장자재 같은 것도 있으니까 200만엔 정도로 하면 되겠다.'

와쿠이는 가맹금 설정 자료와 같이 보증금도 첨부하였다.

▶ 계약서 작성법

간부회의에서 와쿠이가 작성한 원안은 모두 승인받았다. 계획표보다 빨라진 것이 히가시다는 아주 기뻤다.

"히가시다부장, 계약서는 안 만드나? 계약서나 팸플릿이 없으면 프랜차이즈화 한다는 실감이 안 나잖아요."

미야타가 히가시다에게 말했다.

"사장님, 그렇게 서둘지 않으셔도 됩니다. 무엇이든 순서가 있습니다. 하지만 오늘 비용관련 규정에 대해 승낙받았으니까 바로 시작할 수 있습니다. 실은 저도 마음이 초조해져서 얼마 전에 다테씨를 찾아갔습니다. 너무 조급해하지 말라고 웃으시던데요."

프랜차이즈 전개에 있어서는 계약서가 모든 기본이 된다. 즉 본부와 가맹점의 관계를 규정하는 헌법과 같은 것이다. 히가시다는 바로 계약서 작성을 시작했다. 하지만 회사내에는 법률 전문가가 없어 외부에 의뢰해야 했다. 히가시다는 바로 다테와 의논했다.

"선생님. 계약서를 작성할 수 있는 자료들은 겨우 준비되었는데, 실제로 작성한다고 했을 때 우리만으로는 감당하기 힘듭니다. 어디다 부탁하면 됩니까?"

"필요한 사항만 정리해 주시면 제가 변호사에게 의뢰해 드릴게요. 이 분야에 강한 당사 고문 변호사니까 안심해서 맡길 수 있습니다."

"감사합니다. 완성하는 데 얼마나 걸립니까?"

"한 2주 정도 시간을 주세요. 변호사님 사정도 있으니까 좀 더 걸릴 수도 있고요."

다테가 지시한 기재사항을 모두 보내고 2~3번 정도 조정한 후 겨우 계약서 원안이 완성되었다. 히가시다는 바로 미야타한테 뛰어갔다.

"사장님, 다 됐습니다!"

"무슨 일인데, 히가시다. 뭐가 다 됐단 말이야?"

"프랜차이즈 계약서입니다. 사장님이 빨리 보고 싶다고 했던…."

"아, 벌써 다 됐어? 빠르네. 그래 한번 보여줘 봐."

히가시다한테 계약서를 받은 미야타는 감개무량한 마음이었다.

"이제 정말 실감이 나네. 그런데 여러 가지로 상세한 규정이 있는데 계약서 내용에 대해서 관계자가 자세히 알아야 할 것 같은데."

"예, 담당 변호사에게 간부회의에서 설명·강의를 의뢰했습니다."

"그래? 그러면 평상시 멤버에다 와쿠이까지 포함시켜 가능한 한 빨리 준비를 해 줘요."

"예, 알겠습니다."

히가시다는 발걸음 가볍게 사장실을 나와 자리로 돌아갔다.

다음 날 아침 간부회의에서 바로 계약서에 관한 설명이 있었다. 가맹점의 권리관계와 본부가 부담하는 의무범위에 관한 질문, 익숙하지 않는 용어에 대한 설명을 변호사를 통해 들었고, 모두가 대충은 이해할 수 있었다. 그러나 간부뿐만 아니라 적어도 프랜차이즈 전개에 관련하는 멤버 모두가 같은 수준으로 이해할 필요가 있었다.

"와쿠이씨, 오늘 설명을 바탕으로 질문이 나올 만한 점을 Q&A 방식으로 매뉴얼화 해주세요."

"예, 부장님, 그런데 계약서 내용은 오늘 설명을 듣고 이해했지만 실제로 계약서를 처음부터 가맹희망자에게 보여줄 수는 없잖아요."

"그래요. 다테씨가 말했듯이 그것 때문에 정보공개서를 작성해야 할 것 같아요."

"아… 그렇네요. 계약서 다음은 정보공개서를 작성해야 하는 것이죠?"

와쿠이는 업무스케줄 중에 정보공개서 작성이라는 항목이 있었다는 것이 생각났다.

"Q&A와 같이 당장 만들겠습니다."

와쿠이는 다테한테 전에 받은 정보공개서 작성방법이라는 지침서를 참고로 하여 작성하기 시작하였다.

▶ 정보공개서란 무엇인가?

정보공개서란 프랜차이즈본부가 가맹희망자에게 계약내용을 개시하기 위해 의무적으로 작성해야 하는 서류이다. 일본에서의 법적 정식명칭은 '법정개시서면'인데, 일본 중소소매상업진흥법에 규정되어 있고 (사)일본프랜차이즈체인협회에서도 등록시에 그 작성과 제출을 의무화하고 있다.

와쿠이가 다테에게 받은 작성 지침서는 일본 프랜차이

즈체인협회가 발행한 것이고 기재사항을 상세히 규정하고 있었다. 계약서의 내용을 그 기재사항에 따라 채우기만 하면 비교적 간단하게 작성할 수 있다.

와쿠이는 계약서 설명을 받은 다음 날 몇 시간만에 다 만들 수 있었다.

"좋아, 다 됐다. 다테씨와 담당변호사 체크만 받으면 끝난다."

와쿠이는 당장 히가시다에게 완성판을 제출하여 간부회의에 보고해달라고 했다.

"빠르네요. 수고했어요. 이제 더욱 본격적으로 출범한다는 실감이 나네요."

"그렇지만 다테씨가 주신 업무스케줄표로 말하면 아직까지 준비할 것은 많습니다."

"잘 알아요. 그러나 왠지 프랜차이즈를 전개한다는 구체적인 그림이 그려지니까 기쁘지 않아요?"

"그건 당연히 좋습니다. 지금까지 해온 일련의 작업들이 이렇게 보이는 형태로 나타났으니까요."

그다지 희로애락을 드러내지 않는 와쿠이도 히가시다 못지않게 기뻤다. 하지만 아직 이제부터라는 마음이 강해서 히가시다처럼 단순하게 기뻐할 수만은 없었다.

일본 중소소매상업진흥법(제11조 제1항)에 의한 정보공개서 항목

1. **사업주의 성명 및 주소(법인의 경우 그 명칭·주소·대표자성명)**
2. **자본금 및 주요주주, 그리고 사업자가 하는 다른 사업 종류**
3. **프랜차이즈사업의 개시시기**
4. **가맹에 있어 징수하는 비용에 관한 사항**
   ① 징수하는 비용의 액수 및 산정방법
   ② 비용의 성질
   ③ 징수시기
   ④ 징수방법
   ⑤ 반환되는 것이 있으면 그 조건
5. **가맹자에게 정기적으로 징수하는 비용에 관한 사항**
   ① 금액 및 산정방법
   ② 비용의 성질
   ③ 징수시기
   ④ 징수방법
6. **가맹자에 대한 특별의무**
   점포구조 및 내외장에 대해서 특별의무를 과할 때 그 내용
7. **가맹자에 대한 상품판매 및 그 알선조건에 관한 사항**
   ① 가맹자에게 판매하거나 판매를 알선하는 상품의 종류
   ② 해당상품 대금 결제방법
8. **경영지도에 관한 사항**
   ① 가맹에 있어서 연수·강습회 개최의 유무
   ② 위 내용
   ③ 가맹자에 대한 계속적 경영지도의 방법 및 실시회수
9. **상표, 상호, 기타 표지**
   ① 사용하게 하는 상표, 상호, 기타 표지
   ② 해당표지에 대해 사용조건이 있을 때 그 내용
10. **계약의 기간·갱신·해지**
   ① 계약기간
   ② 계약갱신의 조건 및 절차
   ③ 계약해지의 요건 및 절차
   ④ 계약해지에 의해 생기는 손해배상금 지급 및 기타 의무내용

※ 한국의 경우 「가맹사업거래 공정화에 관한 법률」의 정보공개서 항목 참조
(백산출판사, 프랜차이즈바이블 pp. 36~47.)

계약서와 정보공개서가 다 준비되고 나니 간부회에서도 이제는 프랜차이즈 전개가 진짜 시작되었다는 분위기가 되었다.

"아직까지 준비할 것이나 정비할 것들이 많이 있습니다. 그렇게 간단하게 생각하지 마십시오."

"히가시다 부장 답지 않네. 여기까지 했는데 좀 더 좋아해야 되는 게 아니에요?"

미야타가 평소와 달리 무척 신중한 히가시다를 이상하게 보며 말했다.

"그게…, 실은 저도 마냥 기뻐했었는데 제가 여러분에게 말씀드린 것과 똑 같은 말을 와쿠이씨가 저에게 했습니다. 그래서 조금 신중하게 말한 겁니다. 그러나 안심하기엔 아직 이르다는 것도 사실입니다. 이제부터는 가맹점 개발을 위한 툴을 작성하는 단계이니까요.

"그래요. 히가시다 말이 맞아요. 하지만 정말 잘 하고 있어요. 여기까지 온 건 그것대로 기뻐하고, 앞으로도 더 더욱 잘 해 주길 바래요."

"감사합니다. 열심히 하겠습니다."

▶ 각종 개발툴의 작성

"이렇게 많은 툴을 3개월 정도로 만들 수가 있을까?"

히가시다는 다테에게 받은 가맹점 개발에 필요한 툴 일람을 바라보면서 또 고민에 빠졌다.

【가맹점개발에 관한 필요한 툴 일람】

① 계약서(끝났음)
② 정보공개서(끝났음)
③ 회사안내
④ 가맹점모집 팸플릿과 리플릿
⑤ 가맹점모집용 비디오(또는 DVD)
⑥ 홈페이지 내용변경, 추가
⑦ 봉투
⑧ 인사장, 송부장 등
⑨ 설명회, 실시요령
⑩ 가맹희망자 응대 매뉴얼(면담시, 전화약속시)
⑪ 가맹희망자정보관리 리스트
⑫ 가맹희망자 설문용지
⑬ 가맹신청서

⑭ 가맹심사기준표

⑮ 가맹으로부터 개점까지의 업무 흐름도

⑯ 표준손익 시뮬레이션(P/L, cash flow 계산서)

"부장님, 뭘 그렇게 고민하세요? 사무실에서 어두운 표정을 짓는 건 부장님과 별로 어울리지 않으신 것 같은데요."

"아… 와쿠이씨. 이 같은 툴을 작성한 경험이 없어서 너무 막연히 불안하네요…. 맞다. 생각해 보니 이 같은 작업은 원래 와쿠이씨 전문분야가 아니에요. 제작스케줄만이라도 만들어 주면 조금 마음을 놓을 수 있겠는데…."

"알겠습니다. 부장님이 고민하셔도 해결될 문제가 아니에요. 괜찮습니다. 저에게 맡겨 주세요. 팸플릿이나 영상물은 다테씨에게 의뢰하고 회사내에서 작성할 수 있는 건 다테씨에게 체크를 받으면서 제가 만들겠습니다."

"부탁할게요. 그리고 팸플릿이나 영상물은 사장님이 직접 확인하실 필요가 있으니까 프레젠테이션 일정을 조정해 주세요."

"그럼 스케줄을 다 만들면 체크 좀 해 주세요."

와쿠이는 툴의 일람표를 확인하면서 3월에 열리는 프

랜차이즈박람회에 나가는 것을 목표로 스케줄을 짰다.

2월말까지 마무리한다고 하면 약 3개월 밖에 안 남았다. 팸플릿 등은 최소한 2개월 정도 걸린다. 박람회 준비를 모두 마치려면 일정히 상당히 빠듯했다.

'중간에 연말연시도 들어가니까 거의 여유가 없다. 사장님께 프레젠테이션 하는 단계에서 시간을 끌면 일정이 상당히 어려워진다. 먼저 다테씨와 사장님 사이에서 표현 이미지를 맞출 필요가 있을 것 같다.'

와쿠이는 스케줄에 따라 순서대로 일을 시작했다.

'계약서와 정보공개서는 OK. 회사안내는 사원모집용으로 작성한 것을 사용한다. 가맹점모집용 팸플릿과 영상물은 다테씨에게 의뢰한다. 홈페이지는 다치바나 과장에게 부탁하면 되고, 봉투는 지금 쓰는 것을 그대로 쓸 수 있으니까 추가 주문하자. 인사장, 송부장, 설명회 실시요령은 다테씨에게 참고자료를 받았으니까 그것을 바탕으로 만들면 되고…'

와쿠이는 기획부문에서 이미 패키지 준비나 판촉 툴 작성 등의 업무에 정통해 있었다.

한편 다테는 팸플릿과 비디오 제작을 위한 스태프를 수배하고 있었다.

“전체적인 일정은 약 2개월. 사용할 수 있는 자료나 필름이 전혀 없다는 것을 생각하면 로케이션까지 포함해서 꽤 강행군이라고 할 수 있습니다. 여러분 협조 좀 부탁합니다.”

“늘 그랬는데요 뭘… 괜찮습니다. 단지 점포에서의 로케이션이나 출연자와의 조정을 상대방에게 미리 충분히 확인만 해 주시면 됩니다.”

“예, 그건 그 쪽 히가시다부장이 책임지고 해 줄 겁니다.”

다테와 스태프는 팸플릿의 구성과 영상 시나리오를 의논하여 프레젠테이션의 일정을 정하였다.

‘10일 후에는 쌍방 모두 첫번째 프리젠테이션을 하고 연내는 거기까지! 그리고 새해가 시작되면 바로 최종 프리젠테이션을 하고 제작 진행!’

다테가 지시한 구성을 바탕으로 표지디자인을 포함한 초기 프레젠테이션을 위한 자료제작이 진행되었다. 동시에 필요한 툴, 자료 준비, 인터뷰, 촬영 의뢰도 정리되어 영상 제작반도 시나리오 작성에 들어갔다.

10일 후 예정대로 프레젠테이션을 할 수 있었다. 이미지에 관해서 약간의 수정은 있었지만 다테가 제안한 대로 거의 일이 진행되었다.

"선생님, 훌륭한 프레젠테이션이었습니다. 벌써 완성된 작품이 기대됩니다. "

미야타는 자기가 생각했던 것 이상이어서 아주 기분이 좋았다. 그래서 연초에 진행하기로 한 최종프레젠테이션은 생략되고, 실제 제작에 바로 들어갔다. 히가시다도 와쿠이도 스케줄에 조금 여유가 생겼다고 좋아했다.

와쿠이는 자기가 작성하는 툴에 대해서도 다테와 의논하면서 순조롭게 만들어가고 있었다. 팸플릿과 비디오도 히가시다와 와쿠이가 관계부서와 잘 조정한 덕분에 거의 예정대로 완성할 수 있었다. 납품은 2월 말일. 프랜차이즈박람회 이틀 전이다.

"응, 빠듯하네요. 스케줄대로 진행했다고 해도 이렇게 되어 버리는군요.

와쿠이는 팸플릿과 비디오를 보면서 히가시다한테 안도의 표정을 지었다.

업종의 단장이나 본부 인프라 정비와 병행하여 가맹점개발을 위한 조건 정비와 툴 제작이 필요하다.

우선 프랜차이즈 시스템의 핵이 되는 비용규정을 정하여 본부와 가맹점의 권리, 의무를 명확하게 한 계약서를 만든다. 그리고 시스템의 매력을 호소하기 위한 툴 제작으로 들어간다.

■ **비용규정**

가맹희망자가 가장 관심을 갖는 것은 아무래도 비용에 관한 규정이다. 비용 관련 규정은 손익에 직접 관계하는 항목이고 시스템 그 자체의 매력을 크게 좌우하는 중요한 요소임에 틀림없다. 비용규정에는 많은 종목이 있지만 가맹시에 지급하는 초기비용(initial fee)은 다음과 같다.

① 가맹금, 가맹신청서

② 보증금

③ 점포설계시공관리료

④ 연수비용

가맹 후 정기적으로 지불하는 운영비용(running fee)은 다음과 같다.

① 로열티

② 광고선전비분담금

③ 시스템사용료, 서포트비

이는 본부에 따라 명칭이나 징수방법, 비용이 다르기도 하지만 유사업종이면 비슷하게 규정되어 있는 경우가 많다.

비용규정을 설정하는 데 있어서의 유의점은 다음과 같다.

① 본부와 가맹점 쌍방이 손익면에서 무리가 없는 범위로 설정되어 있어야 함

② 각각에 대해서 무엇의 대가인지 명확하게 되어야 함

③ 징수방법이나 시기가 명확해야 함

④ 경쟁업체에 비해 유리한 규정이어야 함(종합적 손익면에서)

■ 계약서, 정보공개서

계약서는 본부와 가맹점의 권리와 의무를 가능한 한 구체적으로 규정해야 한다.

본부와 가맹점의 관계는 모두 계약서가 기본이 된다. 따라서 될 수 있는 대로 구체적이고 상세한 규정을 만들어 한다.

가끔은 웬만한 사항은 신뢰로 하면 된다면서 비용규정 정도 밖에 기재하지 않은 계약서를 작성하는 본부도 있다. 그러나 이 같은 애매한 계약서는 본부에도 가맹점에도 좋지 않은 결과를 초래하기 쉽다. 구체적이고 상세한 계약서를 만들 수 있다는 것은 그 만큼 확실한 시스템을 만들었다는 증거이며 시스템자체의 신뢰성을 높이게 된다.

정보공개서는 계약서내용을 가맹희망자에게 개시하는 목적으로 본부가 의무적으로 작성해야 하는데, 가맹희망자가 가맹을 검토하는 데 있어 중요한 자료가 된다. 과거 프랜차이즈 본부는 노하우 유출 등을 이유로 그렇게 정보개시를 적극적으로 하지 않았다. 그러나 요즘은 정보공개서 뿐만 아니라 직영점 손익상황 등을 포함해서 대폭으로 정보개시를 하는 경향이 있다.

본부·가맹희망자 쌍방이 충분히 이해하고 납득하고 가맹하는 것이 프랜차이즈의 기본이라고 할 수 있다. 본부에만 유리한 한정된 정보로 희망자에게 판단을 요구하는 것은 범죄행위라고 해도 과언이 아니다.

■ 가맹점개발 툴

가맹점개발을 성공시키기 위해서는 가능한 한 많은 희망자를 발굴하여, 그 희망자에게 관심을 갖게 해야 한다. 여기서 중요한 역할을 하는 것이 다음과 같은 각종 툴이다.

① 회사안내

② 팸플릿

③ 가맹점모집용 영상물

④ 홈페이지

⑤ 각종 사무도구

⑥ 가맹희망자응대 매뉴얼

⑦ 가맹희망자정보관리 리스트

⑧ 가맹희망자 설문용지

⑨ 가맹신청서

⑩ 가맹심사기준표

⑪ 가맹으로부터 개점까지 업무 흐름

⑫ 표준손익 시뮬레이션

⑬ 언론 보도자료

⑭ 설명회 실시요령

실제로 제작은 회사 내에서 할 수 있는 것과 외주를 해야 하는 것으로 나뉘지만 어쨌든 이 같은 툴을 제작하는 일은 시간적으로 빠듯해지는 경향이 있다. 담당자는 제작 스케줄 관리를 철저히 하여 확실하게 준비를 해야 한다.

chapter 10

성공적인 프랜차이즈 출범
:밀라노 익스프레스 발진!

3월 2일, 유리카모메를 내려 도쿄국제전시장으로 향하는 히가시다는 감개무량한 마음을 감출 길이 없었다. 내일부터 3일 동안 개최되는 프랜차이즈박람회를 위해 전시장을 향하고 있었다.

미야타한테 프랜차이즈화의 지시를 받은 지 1년이 지났다. 정신없이 여기까지 왔다.

"'드디어'라고 할까, '겨우'라고 할까, 정말 여기까지 왔

구나. 다테씨나 와쿠이씨, 사장님, 다른 모든 분들이 잘 도와 주시고….'

그런데 아직 히가시다는 감상에 잠길 수만은 없었다. 전시회장에서는 가맹희망자에게 밀라노 익스프레스의 진정한 모습을 체험하게 하려고 실제 점포를 재현하여 명물인 피자와 파스타를 시식으로 제공하기로 했었다. 아마도 오늘밤 늦게까지 준비를 해야 할 것 같다.

3월3일. 프랜차이즈 박람회는 막을 열었다.

모두 100여개 이상의 프랜차이즈 본부가 참여하였고, 외식업에서부터 소매업까지 다양한 업종의 프랜차이즈 본부가 한 자리에 모였다. 이미 가맹점수가 100개를 넘은 유명 본부는 별로 출전하지 않았고 앞으로 발전가능성이 있는 젊은 본부가 대부분이었다.

밀라노 익스프레스는 박람회장 정면 입구를 바로 지난 자리에 부스를 잡았다. 여섯 개 부스 규모를 빌린 데다가 실제 점포까지 만들어 놓은 부스는 다른 본부의 것보다 훨씬 눈에 띄었다.

오전 9시, 미야타를 비롯해 다카야마, 가와모토, 와타나베, 다치바나가 부스 앞에 모였다. 간부들은 처음 보는 전시 부스의 규모에 압도당했다.

“정말 대단해, 이건!”

“우리가 가장 눈에 띈다.”

히가시다를 비롯한 모든 이들의 역량이 집대성된 결과물을 보고 모두가 감개무량이었다. 각자가 여기까지 큰 역할을 다했다는 사실이 보다 깊은 감동을 만들었다.

히가시다와 와쿠이는 전시회 응원멤버와 더불어 부스 내에서 준비를 마무리하고 있었다.

9시30분. 전원이 부스 앞에 모여 히가시다가 말하였다.

“안녕하세요. 오픈을 앞두고 사장님 말씀이 있겠습니다. 사장님 부탁드립니다.”

“여러분, 안녕하세요? 작년 2월 이탈리아에서 귀국하여 갑자기 프랜차이즈를 시작하고 싶다고 이야기한 지가 1년이 지났습니다. 그 동안 히가시다 부장을 비롯하여 직원 여러분의 노력에 의하여 이제 여기까지 왔습니다.

우리 회사는 결코 특별한 능력을 가진 멤버가 모여 있는 건 아닙니다. 저를 비롯해 평범한 사람들이 모였습니다. 그러나 그런 회사지만 모두가 힘을 합쳐서 이렇게 훌륭한 사업을 출범할 수 있는 겁니다. 앞으로도 모두가 힘을 합쳐서 성공을 향해 계속 노력하기를 바랍니다.

오늘이 종점이 아닙니다. 오늘부터가 진정한 출발입니다. 마냥 감격에 겨워할 수만은 없습니다. 밀라노 익스프레스가 새롭게 단장하여 출발하는 첫걸음으로서 이 행사를 꼭 성공시킵시다. 오늘부터 3일 동안 저도 필사적으로 제 생각을 손님들에게 전하고자 합니다. 여러분도 많은 새 가족을 맞이할 수 있도록 노력합시다."

인사를 마친 미야타는 불안감과 기대가 교착하는 표정으로 히가시다에게 말하였다.

"얼마나 희망자가 모일까?"

"사장님, 걱정 마십시오. 이번 박람회에서 가장 많은 가맹희망자를 모을 겁니다."

오전 10시, 개장!!

몇 사람 입장객가 곧바로 밀라노 익스프레스 부스를 향해 걸어왔다.

"어서 오십시오. 밀라노 익스프레스입니다."

일제히 모두가 말하며 고개를 숙였다.

밀라노 익스프레스 발진!!

맺는말

이 책은 본부 런칭으로부터 가맹점 개발에 이르는 '프랜차이즈 전략'을 성공을 위한 스텝(step)에 따라 풀어나가고 있습니다.

프랜차이즈 전개를 진행하는 과정으로서는 이후에도 가맹희망자의 발굴에서부터 계약, 계약에서 개업, 그 후 영업 서포트라는 큰 흐름이 있습니다.

실제로는 가맹점이 모이지 않는다, 예정대로 개업할 수 없다, 계획대로 매상을 올릴 수 없다 라는 등의 문제가 발생할 수도 있습니다. 그리고 순조롭게 출범하여도 라이벌이 나타나서 급속히 업적이 저하하고 가맹점이 지급비용을 체납할 일도 생길 것입니다.

그러나 이 책에서 논한 프랜차이즈 전략을 성실히 수행하면 문제는 최소화할 수 있을·겁니다. 먼저 확실하게 확대할 수 있는 기반을 만드는 것이 프랜차이즈 전개에 있어서 최대한 성공의 열쇠라고 할 수 있습니다.

어떤 문제도 없이 순조롭게 몇십년을 보내는 것은 기업경영에서는 있을 수 없는 일입니다. 프랜차이즈 비즈니스도 마찬가집니다. 그러나 본서에서도 논했듯이 이 사업에는 큰 가능성이 있습니다. 결코 필요 이상으로 겁을 내지 않아도 됩니다.

실제로 제가 관여하는 프랜차이즈 본부 중에는 본부를 런칭하고 나서 2~3년 내에 100개가 넘는 가맹점을 모은 곳도 있습니다. 주식공개는 꿈도 못 꾸던 기업이 프랜차이즈화한 지 1년도 안 되어 구체적인 공개준비를 시작하는 사례도 많습니다. 또한 본부뿐만 아니라 프랜차이즈 가맹점을 복수전개함으로써 지방 유력기업이 된 곳도 많이 있습니다.

이 책은 저의 프랜차이즈 컨설턴트로서의 실무경험과 많은 프랜차이즈 본부 기업의 성공 스텝을 밀라노 익스프레스를 무대로 그리고 있습니다. 그리고 실제로 이 같은 레스토랑이 생긴다면 꼭 성공할 것이라고 확신합니다.

만약 독자 여러분이 밀라노 익스프레스에 대해서 더 상세히 알고 싶다면 홈페이지로 놀러 오십시오. 어디까지나 사이버 레스토랑이지만 일본최고를 향해 지금도 성장하고 있을 겁니다(http://www.aqnet.co.jp/mex/)

마지막으로 본서의 집필을 도와주신 분들에게 감사의 마음을 전하고 싶습니다. NeCo&P의 스태프 여러분에게는 전반적으로 많은 조언을 받았습니다. 점포 디자인에 관하여는 SP하우스의 釣義彦씨에게 많은 도움을 받았습니다. 또한 본서에 등장하는 노하우나 사례 힌트가 된 많은 기업들에게도 감사의 말을 전하고 싶습니다. 그리고 다이아몬드사 御立英史씨와 今泉憲志씨에게 따뜻한 도움과 적절한 지도를 받았음을 밝힙니다. 감사합니다.

2000년2월 길일

타미야 마사히로

참고도서

프랜차이즈에이지 1999/11, (사)일본프랜차이즈체인협회

프랜차이즈핸드북, (사)일본프랜차이즈체인협회

법정개시서면 작성법, (사)일본프랜차이즈체인협회

프랜차이저 등록제도 안내, (사)일본프랜차이즈체인협회

社是社訓, 社會生産本部 編, 生産性出版

社訓, 雜派/ぶんか社

外食産業統計資料1999年度版, (財)外食産業總合調査硏究センター

지은이 소개

民谷昌弘(타미야 마사히로)

1956년 효고현에서 태어났다.
1978년 히로시마대학 졸업 후
(주)후지야, (주)일본LCA를 거쳐
1995년에 (주)More Concept Farm를 설립하여
FC컨설턴트로서 독립한다.
현재 (주)아쿠아넷 대표이사,
(사)일본프랜차이즈체인협회 슈퍼바이저학교 강사로
활동중이며,
프랜차이즈 체인본부 런칭,
가맹점개발 및 신규사업개발지원 등을 중심으로 한
컨설팅과 강연에 종사하고 있다.

연락처: (주)아쿠아넷
102-0093 東京都千代田区平河町1-8-9 半蔵門KDビル
TEL. 03-3511-9161
FAX. 03-3511-9160
E-mail. tamiya@aqnet.co.jp
홈페이지. http://www.aqnet.co.jp

옮긴이 소개

구미이 유타카

일본 오사카 출생
현 (주)신우디앤씨 전무이사
전 대구공업대학 전임강사
일본 국립 시가대학교, 동 대학원 졸업
서울대학교 국민윤리교육과 박사과정 수료
성균관대학교 경영대학원 프랜차이즈전문가과정 수료

윤태식

현 프랜차이즈 시스템연구소 소장
현 사단법인 한국 소호진흥협회이사
현 중앙일보 비즈넷타임즈 자문위원
서울 산업진흥재단 실전창업스쿨 강사 및 담임 역임
포스코 외 20여 업체의 창업 및 본부 시스템 구축 강사
대한민국 프랜차이즈 연감 칼럼니스트
성균관대학교 일반대학원 경영학 박사과정
미국 아리조나 주립대학교 MBA 취득
미국 썬너버드 국제경영학 석사 취득